인문잡지 한편
1

세대

KB022451

"한 시대는 그에 순응하는 사람이든
저항하는 사람이든,
개인을 인도하고 규정하고 형성한다."

괴테, 『시와 진실』

인문잡지 한편
2020년 1월
1호

세대

새로운 세대의 이름

386세대 남성이 화자인 이미상의 단편 소설 「하긴」은 그의 딸 이름 이야기에서 시작한다. "첫딸의 이름은 김보미나래. 웬만한 인생 살아서는 이름값 하기 힘든 이름이었다."

아버지가 딸에게 바란 순우리말의 이름값이란 "대한민국의 현대사"를 공유한 뒤 "우리가 우리 부모에게 가하고 싶었으나 가하지 못했던 것을 우리에게 가하는" 것, 다시 말해 세대 교체였다. 하지만 보미나래는 반항은커녕 좋은 대학에 들어가려면 진학 전문가의 손을 빌려야 할 상황이다. "대의명분이 대입명분으로 수렴"되는 시대. 386세대 부모와 밀레니얼세대 자식의 갈등이 한국 사회 최대 쟁점인 대입을 통해 묘사되는 가운데, 소설 끝에 이르러 보미나래가 무언가 다른 일을 하고 있다는 사실이 밝혀진다. 대의나 대입을 위해서가 아닌 또 다른 중요한 행동을.

여자애가 무언가를 하고 있다. 그것은 무엇인가? 윗세대가 이해하려면 "하긴……"이라고 뜸을 들여야만 할 새로움에 대해 새로운 세대가 직접 명명하면 어떨까? 2020년 민음사에서 창간하는 인문잡지 《한편》은 이 새로운 세대의 이름과 내용을 탐구한다. 88만원세대에서 삼포 세대, 생존주의 세대로 이어지는 이름표를 벗어나기 위해서, 논객의 시대를 지나 '2030을 위한 지면' 이후를 만들기 위해서 젊은 편집자가 원고를 청탁하고 젊은 연구자가 글을 썼다. 세대는 창간호의 형식이자 내용이다.

한 편을 함께 읽자

인문잡지란 무엇인가? 인문이라는 단어의 유래는 키케로의 humanitas에서도 '시서예악(詩書禮樂)이 인문(人文)'이라는 동양 고전에서도 찾을 수 있지만, 그때는 지금과 인문에 속하는 과목의 범위가 다르고 누가 인문학을 할 자격이 있는가도 다르므로 여기에서는 취하지 않는다.

인문잡지 《한편》은 대신 가까운 철학 입문서에서 "인문학의 가장 밑바닥에는 언어 사랑이 있다."(『생각의 싸움』)라는 의견을 끌어온다. 김재인에 따르면 자연과학이 수학을, 예술이 감각을 표현 수단으로 삼는다면 인문학의 수단은 예나 지금이나 언어다. 언어를 갈고닦아서 "언어를 불평하는 행위마저 언어로 실천하는 활동이 인문학이다." 《한편》 또한 정확한 언어 구사를 위해 무심코 쓴 표현에 집착하고 으레 쓰는 묘사를 따지고 들어간다. 생각은 한 편의 글에서 시작되고 한 편의 글로 매듭지어지므로, 문득 스치는 아이디어나 흘려 쓴 초고에 머물지 않고 계속해서 글을 고쳐 나간다. 이렇게 완성한 책보다 짧고 논문보다 쉬운 한 편을 함께 읽는다.

종이책 이후 또는 지식인의 시대 이후 인문 출판은 어디로 가는가? 2019년 서울국제도서전에서 프랑스 쇠이유(seuil) 출판사의 '사유 공화국' 총서 편집자이자 역사학자인 이반 자블론카는 인문과학의 미래에 대해서 발표했다. 인터넷이 발명된 이래 종이책 판매는 꾸준히 감소하고 있으며, 사르트르와 같은 권위 있는 지식인은 이제 나오지 않는다. 그런데 비관이나 현학에 빠지지 않는 이반 자블론카의 결론은 간명했다. 우리가 최악의 도구이자 최고의 도구인 인터넷을 활용할 때, 한 명의 사상가에 기대는 대신 여러 분과 학문의 연구를 연결할 때 인문과학의 위기에 대처할 수 있다는 것이다.

인문잡지 《한편》 또한 하나하나의 글들을 엮어야만 의미가 생산된다고 본다. '세대'를 탐구하는 사회학, 역사학, 인류학, 정치학, 인구학, 미학, 철학 등의 열 편을 모았다. 각 글은 관심사에 따라 특정 세대를 들여다보면서 세대 개념을 분석하고, 분석을 뒷받침하는 방법론을 제시한다. 글을 가장 집중해서 읽을 수 있는 종이책을 바탕으로 삼고, 함께 읽을 문헌을 메일링 서비스로 정기 발송하며, 함께 읽는 재미와 대화의 즐거움을 나누기 위해 공개 세미나를 열 계획이다.

청년세대는 투쟁한다

세대라는 유령은 한국을 떠돌고 있다. 90년생에서 386세대까지, 밀레니얼세대의 소비 습관에서 기성세대의 책임까지 도처에서 언급되고 잊을 만하면 튀어나온다. 2019년 한국 언론에서는 386세대의 장기 집권이 사회의 발전을 가로막는다는 진단이

유행하는 한편, 밀레니얼세대의 직장 내 행동 양식을 알려주는 『90년생이 온다』가 베스트셀러였다. 그럼에도 세대라는 개념 자체에 대해서는 충분히 물어지지 않았다. 세대는 왜 문제인가? 세대는 세대론이 만들어 내는 환상일까, 변화의 실마리가 될 가능성일까? 2020년에는 세대 이야기를 이제 그만해야 할까, 앞으로도 더 해야 할까? '청년' 연구자에서 '기성세대' 교수까지, 사람들이 세대를 말할 때 정말로 하고 싶은 이야기는 무엇인가?

　　세대란 물론 인간을 나이대에 따라서 구분하는 개념이다. 늙으면 기성세대, 젊으면 청년세대인데, 개개인을 분류하는 범주이기 때문에 늘 분류가 정확한지에 대한 의문이 따라온다. 예를 들어서 90년생인 한 사람이 『90년생이 온다』의 틀과 달리 회식을 좋아하고 '병맛 문화'는 싫어한다면 이 사람이 예외일까, 아니면 책이 틀린 것일까? 아주 단순화한 예지만 실제로 세대에 관한 이야기는 이 도식을 반복한다. 세대로 묶어서 잘 설명되는 현상이 있고, 아무래도 세대로는 다 설명할 수 없는 것이 있다. 그동안의 세대론은 세대냐 아니냐로 나뉘어 왔다. 그러나 양자택일보다 중요한 것은 정확한 이해다.

　　「세대, 기억의 공동체」에서 독일사 연구자 고유경이 서술하듯 세대라는 개념이 나타난 것은 프랑스혁명기다. 프랑스혁명은 국부의 목을 베고 형제 세대('자유, 평등, 형제애')의 프랑스를 세우는 일이었다. 1793년 5월 29일, 「지롱드 인권 선언」은 다음을 명시했다. "어떠한 세대도 미래의 세대를 자신의 법에 복종시킬 권리가 없다." 급격한 권력 이동과 사회 변화를 초래한 혁명기 이래로 "한 시대는 개인을 인도하고 규정하고 형성"하게 되었고,

한 세대는 같은 사건을 경험하고 반추하고 변주하는 가운데 기억의 공동체가 되었다.

　18세기 이후 역사는 한동안 변화의 기록이었다. 중국정치 연구자 하남석의 「오늘의 중국 청년들」과 인구학자 조영태의 「밀레니얼은 다 똑같아?」에서 보듯 중국, 베트남에서도 급속한 전환 속에서 변화를 주도하는 젊은 세대의 존재가 확인된다. 자신들만의 의제를 들고 윗세대를 교체하는 청년세대. 이것이 세대 개념이 쓰이는 가장 익숙한 방식이다. 그런데 근대 이후인 오늘날, 더 이상 변화를 주도하는 청년세대가 보이지 않으며, 사회 변화도 가능하지 않을 것 같다는 예감이 공유되고 있다. 저성장과 고령화, 양극화라는 세계정세가 이러한 예감을 낳는다면, 그 원인을 대충 찾을 때 '요즘 세대는……'이라는 말이 따라 나온다.

　물론 현실은 좀 더 정확하게 파악해야 한다. 사회학자 김영미의 「밀레니얼에게 가족이란」과 영문학 연구자 이우창의 「"20대 남자 문제"」는 '삼포 세대'나 '반페미니스트' 등 청년세대에 붙어 있는 이름표를 주의 깊게 떼어 낸다. 연애, 결혼, 출산의 포기라는 삼포는 실제로 성별에 따라 다른 양상으로 나타나며, 그 바탕에는 남성이 생계를 부양하고 여성이 양육한다는 낡은 젠더 체제가 있다. 또한 2015년을 분기점으로 반페미니즘이 득세한 맥락을 보면 페미니즘이라는 단어를 과거 세대와 다르게 쓰고 있는 20대 남성의 움직임이 드러난다. 두 연구를 통해 '페미니즘이 성대결을 낳는다'는 표피적인 진단을 교정할 수 있을 것이다. 페미니즘을 둘러싼 모든 일은 정확히 말해 시민 사회의 규범을 재설정하는 투쟁이다.

새로운 세대는 행동한다

「1020 탈코르셋 세대」에서 이민경은 10대 후반에서 20대 후반에 걸친 여성들의 탈코르셋 행위를 적극적으로 부각한다. 「미래세대의 눈물과 함께」를 쓴 기후위기 활동가 정혜선은 세계적인 기후위기 상황에 가장 정직하게 대처하는 것은 청소년들임을 알고 있다. 이처럼 오늘날 변화 주체인 젊은 세대는 386세대 주류 대 무력한 청년들이라는 기존 언론 출판계의 관성적인 도식으로는 알아볼 수 없다. "넌 왜 안 꾸며?"라는 또래 집단과 한국 사회의 압박을 극복하는 방식인 탈코르셋 운동과, "어째서 내가 곧 사라질 미래를 위해 공부해야 하나요?"라고 환경 문제의 핵심인 세대의 당사자성을 확인시키는 그레타 툰베리를 따라가는 두 글은 다른 세대 사이에서 스스로 변화한 과정이다.

한편 지난 몇 년간 세대론 비판은 청년세대의 손으로 이루어졌다. '청년팔이', 곧 세대주의를 비판해 온 문화 연구자 김선기는 '청년 희망사다리' 표어를 든 공무원들 앞에 청년 대표로 서는 아이러니를 발견한다. 「청년팔이의 시대」에서 쓰듯 "세대론의 한계에 대해서 인지하면서도, 다시금 세대론에 귀를 기울이고 스스로 세대주의적인 발화와 행동을 실천"하는 모순. '청년'이라는 말을 청년이 쓸 때의 마땅치 않은 느낌. 그렇다면 청년세대에 잘못 붙은 이름표를 떼어 낸 다음은 무엇일까? 다음의 세 가지 안을 참조하라.

먼저 『청년팔이 사회』의 김선기는 청년팔이 비판에서 더 적극적인 청년팔이로 이동한다. 말 그대로 청년을 파는 기성세대에게 그만두라고 하기보다, 청년 문제를 매개하는 또래 활동가들

편에서 더 나은 대표 방식을 찾는 것이다. 두 번째로 철학서 편집자 박동수의 「페미니즘 세대 선언」은 진짜 청년과 가짜 청년의 구분을 거부하면서 행위자들의 관계망으로 들어간다. 오늘날 자신들만의 고유한 의제를 가지고 있는 새로운 세대는 역사의 부름에 답하는 주체가 아니라 능동적 행위자다. '이름들의 전쟁' 속에서 그는 페미니즘 세대라는 이름을 제시한다. 마지막으로 영화 연구자 이나라는 「「벌새」와 성장의 딜레마」에서 영화 「벌새」의 주인공 은희를 따라간다. 영화 속에서 은희는 몇 번의 상실을 겪지만 무너지지 않고 성장의 출발점에 선다. 다만 은희의 성장 뒤에는 "성장 불가능성을 언뜻 알았던 청년" 영지의 죽음이 있어 잊히지 않는다.

《한편》 창간호는 이처럼 잘못된 이름표를 떼어 내거나 새로운 이름들을 제안하면서 세대에 관한 열 편의 글을 내놓는다. 앞으로 이어지는 이야기들에 《한편》이 함께하길 바란다.

신새벽 (편집자)

일러두기

[1] 저자의 주는 각주로 표시했고 참고 문헌은 권말에 모았다. 외래어 표기는 국립국어원의 외래어 표기법을 따랐으며 일부 관례로 굳어진 것은 예외로 두었다.

[2] 단행본은 『 』로, 논문, 신문기사, 예술작품 등 개별 작품은 「 」로, 신문과 잡지 등 연속간행물은 《 》로 표시했다.

페미니즘
세대 선언

경주에서 태어났다. 고려대학교 언어학과를 졸업하고 서울출판
예비학교 출판편집자 과정을 수료했다. 현재 사월의책 출판사
에서 편집장으로 재직 중이다. 인문학과 사회과학, 과학기술학
과 현대사상의 새로운 조류에 관심이 많으며,『아감벤 사전』번
역 세미나 모임을 진행하고 있다. 함께 옮긴 책으로『리믹솔로지
에 대하여』(2018)가 있고『장뤽 낭시 강의실』을 작업 중이다. 기
획·편집한 책으로『처음 읽는 브뤼노 라투르』(2017),『숲은 생
각한다』(2018),『헤겔과 그 적들』(2019) 등이 있다.

[주요어] #여성청년 #행위자연결망 #페미니즘세대
[분류] 철학 > 존재론

세대 개념의 계보학

인류학자 클로드 레비스트로스는 '차가운 사회'와 '뜨거운 사회'라는 유명한 비유를 통해서 전통사회와 근대사회의 특성을 간명하게 비교한 바 있다. 여기서 차가움과 뜨거움은 역사적 변화와 사회 변동에 대한 사회들 간의 온도차를 표현한다. 전통사회는 무질서와 불균형을 지극히 적게 생산하며, 그래서 역사도 진보도 없어 보이는 안정적인 '차가운' 사회다. 반면에 근대사회는 마치 증기기관을 단 기관차처럼 끊임없이 무질서와 불균형을 생산하며, 그래서 사회적 투쟁을 동력으로 역사의 진보를 향해 나아가는 '뜨거운' 사회다.

세대에 대해 이야기하는 자리에서 먼저 이런 비유를 꺼낸 것은 우리가 논의하는 세대 개념이 결코 인류 보편적인 것이 아님을 분명히 하기 위해서다. 전통사회에서 세대란 대가족 안에서 연령에 따라 지식을 전수하고 전통을 계승하는 '가족적 세대'를 말한다. 반면에 근대사회에서 세대란 일정한 연령층이 가족과 친족의 범위를 넘어서 학교와 군대, 대학과 회사 등의 사회적 제도를 통한 공통의 경험을 기반으로 공통의 의식이나 마음을 형성하는 '사회적 세대'를 말한다. 이러한 사회적 세대 개념은 19세기 유럽에서 등장했으며 20세기 초반에 이르러서야 각종 세대 이론과 선언을 통해 성문화되고 현재와 같은 의미로 정착되었다.[1] 우리가 흔히 이야기하는 세대 개념은 근대화 이후 나타난 '뜨거운' 사회의 역사적 발명품인 셈이다.

여기서 하나 더 주목할 점이 있다. 그것은 근대적 세대 개념의 등장을 매개한 것이 청년 개념이었다는

[1] Robert Wohl, *The generation of 1914*(Harvard University Press, 1979), ch. 6; Semi Purhonen, "Zeitgeist, Identity and Politics: The modern meaning of the concept of generation", *The Routledge International Handbook on Narrative and Life History*(Routledge, 2016).

박동수

역사적 사실이다. "혁명의 시대"를 거치면서 청년이 사회 진보와 발전을 이끄는 주체적 세대로 등장했고 이때 비로소 기성세대와 청년세대를 가르는 이분법적 세대 담론이 본격화되기 시작한다.[2] 요컨대 근대사회에서 근대성, 세대, 청년은 하나의 연쇄적인 담론 고리를 형성해 왔다. 기성세대의 근대화 기획에 의해 주조된 청년세대가 고유한 세대를 형성하고, 기성세대와 변별되는 새로운 근대화 모델을 주창하며 세대 간 갈등이 발생하고, 이 갈등 속에서 '근대화의 근대화'가 일어난다.[3] 이것이 근대적 세대 이론의 중심 서사이며, 이 때문에 청년세대가 사회와 역사 속에서 무슨 역할을 하는지 규정하는 일이 세대론의 핵심 문제가 된다. 따라서 세대론은 언제나 청년론이자 근대화론이다.

　　그러나 현재 우리가 목도하는 것은 더 이상 새로운 청년도 없으며, 더 이상 새로운 근대화도 가능하지

---

[2]　고유경, 「세대의 역사, 그 가능성과 과제」, 《서양사론》 제93호 (2007); Robert Wohl, *ibid.*; Semi Purhonen, *ibid.*

[3]　근대화의 근대화를 이끈 대표적인 예로는 유럽과 미국의 1914년 세대(일명 잃어버린 세대로, 제1차 세계 대전 후 부르주아 문화에 환멸을 느끼고 모더니즘 운동의 기수가 되었다.)와 독일 68세대(과거 청산과 복지 국가, 풀뿌리 민주주의를 목표 삼았다.) 등이 있다.

않을 것 같다는 예감이다. 가령 헬조선 담론이 그 극명한 예시를 보여 준다. "헬조선 담론은 현재의 한국이 과거 '전근대사회'로서의 조선으로부터 벗어나 근대화를 이루어야 한다는 서사적 규범을 전제한다는 점에서 발전론적 시간관을 계승하며, 동시에 한국이 여전히 조선에 머물러 있다는 판결을 내림으로써 한국인들이 정지된 시간에 갇혀 있음을 자각시킨다."[4] 이처럼 역사의 진보가 정체되고 있다는 시간 감각은 우리 시대의 주요한 특징이다. 그리고 우리에게 남은 것은 이른바 386세대 책임론이다. 물론 이 역시 '386세대에게는 헬조선의 미필적 고의가 있다'[5]는 주장에서 드러나듯이 헬조선 담론의 연장선상에 있다.

근대성, 세대, 청년의 연쇄 고리는 '정상적인' 세대교체 과정을 거쳐 경제 발전과 사회 진보를 거듭한 20세기의 산물이다. 오늘날과 같이 경제적 저성장, 사회적 양극화, 고령화라는 상황 속에서 더 이상 근대화할 것이 없다면, 그리고 더 이상의 발전과 진보도 기대할 수 없다면 우리는 어떤 청년세대를 상상할 수 있을

[4] 이우창, 「헬조선 담론의 기원」, 《사회와철학》 제32호(2016).
[5] 김정훈 외, 『386 세대유감』(웅진지식하우스, 2019).

박동수

까? 청년을 매개로 한 세대론은 이미 그 시효를 다한 것일까?

동시대 한국 사회학은 세대를 어떻게 보는가

근대화의 근대화가 의심받는 바로 이 역사적 지점에서 동시대 사회학자들은 각자의 방식대로 세대론의 가능성과 한계를 연구하고 있다. 세대 개념을 무비판적으로 재생산하는 대중 매체와는 달리, 사회학자들의 반성을 통해 우리는 세대론을 폐기해야 할지, 아니면 다르게 재조립해야 할지를 가늠할 수 있을 것이다.

　세대에 접근하는 동시대 사회학은 세 가지로 나누어 볼 수 있다. 먼저 세대를 객관적으로 재현 가능한 사회 현실로 보는 실증적 접근법이 있다. 사회학자 이철승의 『불평등의 세대』(2019)가 대표적이다. 실증적 접근법에서 세대는 단순히 주관적인 경험에 그치는 것이 아니라 소득과 자산의 불평등에 영향을 미치는 객관적인 변수다. 따라서 세대 개념은 한국 사회의 모순을 들여다볼 수 있는 주요한 도구가 된다. 마찬가지로 사회학자 김홍중이 『사회학적 파상력』(2016)에서 오늘날의 청년세대를 "생존주의 세대"로 지칭하는 것 역시 이러한 세대 실재론의 맥락에 포함될 수 있다.[6] 이철승이 양적이고 실증적인 접근법을 취한다면, 김홍중은 세대의 '마음'을 읽어 내는 질적이고 현상학적인 접근법을 취한다는 차이가 있지만, 두 사회학자 모두 사회구조를 통해 형성되는 세대를 실체로 보며, 그것을 '투명하게' 파악할 수 있다는 점에 대해서는 의심하지 않는다.

다음으로 세대란 주어진 사회 현실이 아니라 발화와 언술을 통해 적극적으로 구성되고 생산되는 과정이라고 보는 성찰적 접근법이 있다. 사회학자 전상진의 『세대 게임』(2018)과 문화연구자 김선기의 『청년팔이 사회』(2019)가 대표적이다. 이 접근법에서 세대는 객관적 본질이 아니라 특정 정치 세력의 '세대 프레임'에 의해 전략적으로 활용되고 동원되는 '불투명한' 사회

---

[6] 김홍중은 생존주의 세대를 다음과 같이 정의한다. "21세기 한국의 청년세대는, 생존에 대한 불안이라는 기조 감정과 서바이벌을 향한 과열된 욕망, 그리고 경쟁에서의 승리를 위해 자신 존재의 가능성들을 전략적으로 계발하려는 집요한 계산으로 특징지어지는 독특한, 마음의 역동을 보여 준다." 김홍중, 「서바이벌, 생존주의, 그리고 청년세대」, 《한국사회학》 제49집 제1호(2015).

박동수

적 구성물이다. 따라서 모든 세대 개념은 세대 담론을 거치지 않고서는 있는 그대로 접근될 수 없고 심지어 존재할 수도 없다. 이 점에서 세대 개념은 한국 사회의 모순을 들여다보는 도구이기 이전에 그 자체로 모순을 이미 체현하고 있는 담론 집합체이다.

　　마지막으로 세대 개념의 근본적인 난점을 지적하는 비판적 접근법이 있다. 사회학자 서동진은 「세대론의 시좌」라는 시론에서 세대론의 아포리아를 이렇게 요약한다. "세대론은 사회학적인 현실 개념인가 아니면 주관적 심리학에 속하는가. 세대에 관한 서술은 언제나 이 두 개의 극 사이에서 진동한다."[7] 비판적 접근법에서 세대는 단순히 객관적인 현실로도, 담론적인 표상으로도 여겨지지 않는다. 왜냐하면 청년세대가 기성세대를 비롯한 '사회 자체'와 대립하면서 사회의 내적 적대를 꺼내 놓는 정치적 과정이야말로 세대 문제의 핵심이기 때문이다. 따라서 세대의 정치는 인구학적 사실로 환원될 수 없으며 언제나 정치적 주체화의 논리를 포함해야만 한다.

[7]　서동진, 「세대론의 시좌」, 《문학선》 제37호(2015).

우리가 목격하고 있듯이
새로운 세대는
자신들만의 고유한 의제를
가진 능동적 행위자로
부상하고 있다. 나는 이들을
'페미니즘 세대'라고
명명하고자 한다.
(왜 안 되겠는가?)

박동수

이 말은 오늘날의 청년세대
모두가 페미니스트라는
것이 아니라, 청년세대가
페미니즘과의 긍정적 또는
부정적 관계 설정 없이는
자신의 정치적 주체성을
확보할 수 없다는 것이다.

이상의 논점을 간략히 요약해 보자. 요컨대 실증적 사회학자들이 말하듯 세대는 우리 사회의 실상을 비춰주는 거울인가? 아니면 성찰적 사회학자들이 말하듯 세대는 온갖 정치적 담론과 사회적 욕망이 투사되는 스크린인가? 그도 아니면 비판적 사회학자들이 말하듯 세대는 사회의 내적 적대를 표상하는 정치적 주체화의 자리인가?

이처럼 양립하기 어려운 세 가지 접근법은 결국 하나의 역사적 사태, 곧 근대화의 역사적 주체였던 청년세대의 종언이라는 사태에 대응하기 위한 서로 다른 방식들이라고 할 수 있다. 그렇지만 이 접근법들의 공통된 문제는 세대론을 인식론적 틀, 즉 진짜-가짜 또는 실체-현상의 구분을 전제하는 이분법적 틀로만 보려는 데 있다. 세 가지 접근법이 세대론을 사회를 비춰주는 '거울'로, 담론과 욕망이 투사되는 '스크린'으로, 적대가 '표상'되는 자리로 해석할 때, 세대 개념은 공허한 개념, 그저 인식 도구로만 정의될 뿐이다. 그러나 그 어느 것도 세대 현상이 세대 구성원들에게는 실존적 현실이라는 점을 부각하지 못한다.

앞서 보았듯이 근대사회에서 세대란 공통의 세대

박동수

경험을 통해 공통의 의식이나 마음을 형성하는 사회적 세대를 말한다. 그런 의미에서 사회 속 개인에게 세대 경험은 공동 실존의 경험이며, 크든 작든 '우리 세대'라는 공동 세계를 형성하는 과정이다.[8] 그리고 바로 이 점에서 개인들은 세대 경험에 대한 실존적 이해를 이미 가지고 있을 뿐 아니라 그러한 공동 실존의 구조에 대한 이론적 이해인 실존론적 이해, 즉 세대론적 이해를 이미 가지고 있다.

쉽게 말해 철학자들만이 철학을 하고 사회학자들만이 사회학을 하는 것이 아니다. 모든 사회 구성원들은 각기 독특한 사회적 경험을 하며, 그에 기반을 둔 자전적인 사회학적 성찰을 만들어 가는 자기 삶의 사회학자들이다. 이처럼 보통 사람들이 가지고 있는 세대적 경험과 세대론적 이해에 주목한다면, 우리는 더

[8] 이는 마르틴 하이데거의 『존재와 시간』(이기상 옮김, 까치, 1998) 제26절에 나오는 공동존재론을 재해석한 것이다. 바로 뒤에 나오는 실존적/실존론적의 구분 또한 하이데거의 것이며(제4절 참조) 나는 이를 세대적/세대론적의 구분에 응용한다. 실존적 이해가 실존 방식을 결정하는 실천적 행위라면, 실존론적 이해는 실존의 존재론적 구조를 탐색하는 이론적 행위다. 이 둘은 상호 연동되면서 서로의 전제 조건을 변형시킨다. 다시 말해 실천은 구조를, 이론은 실천 방식을 변화시키며, 이 점은 세대적/세대론적 구분에서도 마찬가지다.

이상 세대론을 단순히 외부에서 부여된 틀로만 볼 수 없게 된다. 왜냐하면 특정한 세대론을 채택하거나 거부하는 일, 그러한 담론을 바꾸는 일, 나아가 자신과 사회 전체를 변화시키는 일은 모두 보통의 사회적 행위자들에게 달려 있는 일이기 때문이다.

이처럼 세대가 그토록 문제투성이인 개념이면서도 여전히 생명력을 잃지 않는 데에는 그럴 만한 이유가 있다. 따라서 세대 개념을 사유한다는 것은 행위자들을 통해서 사회적 공동성의 차원을 사유하는 일이어야 하며, 이는 무엇보다 세대적 행위자들의 궤적을 따라가는 일이어야 한다.[9] 세대적 행위자들 자신이 세대 담론을 재해석하고 기존의 제도를 활용하며 가장 중요하게는 그들 스스로 세대 응집성을 강화하는 방향으로 세대적 연결망을 창출해 내기 때문이다. 결국 세

[9] 이러한 행위자-연결망(ANT, Actor-Network Theory) 접근법은 브뤼노 라투르와 그의 동료들의 것이다. 이 접근법을 세대 개념에 적용함으로써 우리는 역사적 사건과 세대적 경험을 연관 짓는 과거의 세대 이론을 좀 더 작은 규모의 사건과 세대적 행위자를 연결시키는 것으로 변환할 수 있으며, 세대론이 단순히 거울이나 스크린 같은 중간 매체가 아니라 세대적 연결망을 창출하거나 분할하는 적극적 매개자임을 통찰할 수 있다. ANT에 관한 자세한 소개로는 『인간·사물·동맹』(이음, 2010)을 참고하라.

박동수

대론은 세대들 자신의 성취이며, 모든 세대 분석은 세대들 자신의 행위로부터 출발해야 한다. 이 점에서 오늘날 청년세대들은 더 이상 역사의 주체는 아니라 하더라도, 세대적 행위자로서 새로운 연결을 만들어 내는 연결망의 제작자들이다. 그 연결망 가운데 하나를 한번 따라가 보도록 하자.

생존주의 세대에서 페미니즘 세대로

청년세대 종언론의 물결이 최고조에 달했을 때 이전 청년세대에서 볼 수 없었던 새로운 움직임이 등장했다. '여성청년'이 중심이 된 새로운 페미니즘의 물결이 그것이다. 그러나 이는 여전히 청년세대의 담론으로 생각되지 않는다. 이러한 잘못된 인식의 개선이 필요하다는 요청이 여기저기서 들려오고 있음에도 말이다.[10] 청년세대의 역사적 의미가 해체되고 있을 때 청년 개념 자체의 남성 중심성을 해체하는 페미니즘

[10] 채민진, 「'놈들'의 세대론」, 《대학원신문》 제346호(2018); 정성조, 「'청년세대' 담론의 비판적 재구성」, 《경제와사회》 제123호(2019).

의제가 부상한 것은 그 자체로 흥미로운 일이다. 더 이상 청년성이 진보와 발전의 척도가 되지 않을 때, 우리는 '아버지에 반항하는 아들'이라는 근대의 특권적 서사가 무너지는 광경을 목격하게 된다.

　이러한 맥락 속에서 우리는 새로운 젊은 세대에게 걸맞은 이름을 명명할 의무가 있다. 그들은 단순히 생존주의 세대로 환원될 수 없기 때문이다. 이제까지 등장한 청년세대에 대한 명칭들, 예컨대 88만원 세대, 삼포 세대, 밀레니얼세대, 생존주의 세대 등은 청년세대를 대상화하고 그들을 사회 구조의 수동적 구성물로 간주했다. 그러나 우리가 목격하고 있듯이 새로운 세대는 자신들만의 고유한 의제를 가진 능동적 행위자로 부상하고 있다. 세대적 행위자를 사회 구조의 희생양이 아니라 그러한 구조에 개입하는 당사자로 보려면 새로운 명명이 필요하다. 리베카 솔닛이 말하듯 "명명은 해방의 첫 단계"를 구성하며 "이름을 바꾸는 일, 새 이름이나 용어나 표현을 지어내고 퍼뜨리는 일은 세상을 바꾸려 할 때 핵심적인 작업"이다. 결국 세대론이란 "이름들의 전쟁"에 다름 아니다.[11]

　나는 이들을 '페미니즘 세대'라고 명명하고자 한

다.(왜 안 되겠는가?) 이 말은 오늘날의 청년세대 모두가 페미니스트라는 것이 아니라, 청년세대가 페미니즘과의 긍정적 또는 부정적 관계 설정 없이는 자신의 정치적 주체성을 확보할 수 없다는 것이다. 다시 말해 그들이 '대중적 페미니즘'이라는 비가역적 사건을 경험하고 그 사건을 주체화한 세대라는 뜻이다. 그런데 우리는 페미니즘을 부르짖는 2030세대를 보면서도 이들을 페미니즘 세대라고 부르기를 주저해 왔다. 우리는 이것을 여성운동으로 지칭하지, 세대운동으로 지칭하지 않으려 한다. 페미니즘은 어디까지나 부문 운동이며 이것이 세대 전체의 이해관계를 대변하는 것은 아니라고 여기기 때문이다. 그러나 이는 세대 개념에 대한 오해에서 비롯되는 생각일 뿐이다.

세대 이론의 고전적 저작인 『세대 문제』를 쓴 사

[11] 리베카 솔닛, 김명남 옮김, 『이것은 이름들의 전쟁이다』(창비, 2018). 여기서 나는 새로운 세대의 움직임을 어떤 실체적 구조로 고정시키기 위해서가 아니라, 기존 언어로 포착되지 않는 새로운 세대의 존재와 그들이 만들어 내는 사건을 증언하려는 목적에서 새로운 이름을 명명한다. 또한 명명 행위의 역량은 비평가 개인이 아니라 세대적 행위자 모두에게 귀속된다는 점도 잊지 말아야 한다. 이러한 명명과 개입의 문제의식은 알랭 바디우의 철학적 논의를 배경으로 하고 있다. 알랭 바디우, 조형준 옮김, 『존재와 사건』(새물결, 2013) 참조.

회학자 카를 만하임은 일찍이 하나의 세대가 동질적인 세대 단위들로 구성되지 않는다는 점을 명확히 했다. "동일한 실제 세대라는 범주 안의 양극에서 적대적으로 다투고 있는 다수의 세대 단위들이 형성될 수 있다. 다수의 세대 단위들이 서로 다투면서도 서로 조화를 이루기 때문에, 여러 세대 단위들은 하나의 '실제 세대'를 구성한다."[12] 이러한 세대 단위들은 공통의 경험을 기반으로 하지만 각자의 위치에서 그것을 서로 다르게 해석하며 시대와 사회에 대한 상이한 의식과 마음을 지닌다. 실제로 페미니즘 세대에 속하는 여성들은 각각의 페미니즘 분파를 통해서 다양한 세대 단위들을 형성하며 이는 페미니즘에 반발하는 남성 집단들에서도 마찬가지다. 그러나 중요한 것은 찬성하든 반대하든, 이견을 갖든 무관심하든, 청년세대의 생각과 행동이 페미니즘이라는 사상에 의해 매개되고 있다는 사실이다. 바로 이것이 페미니즘 세대라는 명명이 의미 있는 이유다.

페미니즘 세대는 청년이라는 남성적 기표로도, 근

---

[12] 카를 만하임, 이남석 옮김, 『세대 문제』(책세상, 2013).

대라는 단절적 시간성으로도 온전히 포섭될 수 없는 고유한 자리에서 새로운 세대적 연결과 연합을 만들고 있다. 이 연결과 연합을 어떻게 추적하고 관찰하고 사유하며 또한 어떻게 거기에 참여할 것인지가 남겨진 과제다. 결코 청년이었던 적이 없었던 여성청년들은 어떤 방식으로 세대의 정치를 쇄신하고 있는가? 세대론 자체의 문법이 다시 쓰이고 있다.

청년팔이의 시대

『청년팔이 사회』 저자. 신촌문화정치연구그룹 연구원. 연세대 커뮤니케이션대학원 미디어문화연구 전공 박사과정 수료. 인터넷 언론 《고함20》을 시작으로 청년/세대 문제에 관심을 가졌고, 최근에는 젊은 연구자들이 학계의 견고한 관성을 깨뜨릴 방안이 없을지 여러 가지 실험 중에 있다.

김선기

[주요어] #청년팔이 #세대주의 #대안정치
[분류] 사회학 > 비판적 담론분석

세대주의는 청년팔이다

『청년팔이 사회』의 제목은 담당 편집자가 제안한 것이었다. 처음에는 썩 마음에 들지 않았다. '사회'로 끝나는 인문사회 서적에 소속되기가 좀 망설여졌고, 무엇보다 '청년팔이'가 학문적으로 명료하게 정의된 개념이 아니어서 마음이 쓰였다.[1] 하지만 차츰 이 제목이 책에서 다루는 생소한 핵심개념인 세대주의(gener-

[1] 사회학자 전상진은 『세대 게임』(문학과지성사, 2018)에서 '청년팔이 (youth racket)'를 "청년을 팔아서 부당한 이득을 보는 행위"(302쪽)로 정의한 바 있으며, 이것이 '청년팔이'에 대해 이미 나와 있는 '개념적 정의'의 전부다.

ationalism)에 대한 정확한 번역이라는 생각을 하게 됐다. 세대주의는 "사회적, 정치적인 문제들을 세대의 개념으로 풀어 이야기하는 현상"을 일컫는다.[2] 세대(generation)의 분류법은 무한히 다양하지만, 대다수의 세대주의적 세대론은 흥미롭게도 '청년세대'와 '기성세대'라는 가장 원초적이고 전통적인 이분법[3]으로 되돌아오는 경향을 보인다. 그리고 이때 세대주의는 '청년팔이'라는 단어와 이물감 없이 자연스럽게 만난다. 어떤 문제에 대해 실상 그 현상의 본질과는 별다른 관련이 없을 수도 있는 '청년'이라는 말을 바탕으로 담론과 서사를 구축할 때, 사람들은 '청년'이라는 기호, 그리고 그 기호와 분리할 수 없는 실제 청년들을 '팔이'한다. '청년'이라는 말이 자신의 논리를 정당화해 주는 도구가 될 수 있다고 계산하거나, '청년'을 이야기하는

[2] 나는 정치학자 조너선 화이트(Jonathan White)가 논문 「세대를 생각하기(Thinking Generations)」(2013)에서 제시한 규정을 따르고 있으나, 역사학자 로버트 볼(Robert Wohl)이 『1914년 세대』(Harvard University press, 1979)라는 저작에서 처음 사용한 것으로 알려져 있다.
[3] 박이대승은 저서 『'개념' 없는 사회를 위한 강의』(오월의봄, 2017)에서 한국에는 "세대와 청년을 구별하지 않는 사람이 많다"(105쪽)고 논한 바 있다.

행위의 정당함을 '진정성' 있게 믿으면서 말이다.

수많은 '청년팔이' 사례를 들 수 있다. 박근혜 정부와 보수 계열 시민사회 단체들은 임금피크제를 정당화하기 위해, 이것이 기득권 기성세대의 몫을 '청년에게 나누는 일'이라고 주장했다. 헬조선, 학벌주의, 공정성 등의 이슈는 언론을 비롯한 매개자들에 의해 마치 청년층에게서만 유난하게 나타나는 현상인 양 해석됐다. 청년들도 '청년'을 판다. '공정 사다리'를 들고 조국 법무부 장관을 찾아가 사진이 찍혀 일각의 비판을 받았던 청년 정치인/활동가들도, 정부가 페미니즘 편향적이라고 비판하면서 '진짜 청년'들의 목소리를 들으라고 외치던 청년들도 모두 '청년'을 내세운다. 청년정책의 폭넓은 도입, '청년을 위한 정치', '청년에 의한 정치' 등을 주장하는 시민사회 활동가들은 물론 이러한 현상을 분석한답시고 매번 A4 한 장에 '청년'이라는 단어를 20~30번은 입력하는 나 같은 연구자의 행위도 근본적으로는 청년팔이가 아니라고 할 수 없다.

세대주의와 청년팔이의 핵심은 다른 개념을 제쳐 두고 그렇게 한다는 것이다. 임금피크제를 노동의 언어로, 공정성 이슈를 분배의 언어로, 청년의 목소리를 의제별 언어로만 다루지 않고 '청년'을 꼭 끌어들이도록 하는 방식으로 형성된 세대'주의'에서 우리 누구도 온전히 자유롭지는 못하다.

세대라는 믿음

연구자로서 처음 이 주제를 다룰 때, 비판적 담론분석 (critical discourse analysis) 방법을 원용하였다.[4] 방법론에 대한 정당화를 게을리할 수 없는 석사학위논문을 작성하는 단계였기 때문에 끝까지 그 틀을 유지하려고 노력했다. 그러나 나는 연구 대상인 세대론과 이 연구 자체가 비판적 담론분석이라는 방법론과 합이 맞는가에 관해 여전히 고민을 지우지 못했다. 비판적 담론분석을 수행하면 그 결과로 좀처럼 알아채기 어려운 숨어 있는 의미와 이데올로기를 폭로해야 할 것 같은데, 많은 연구 대상 텍스트들이 너무도 투명하게 '나 세대

[4] 비판적 담론분석은 배타적으로 특정한 분석 방법과 연계되기보다는 '담론분석을 통한 사회비판'이라는 실천적 목표를 달성하기 위해, 느슨한 공통의 관심과 지향을 공유하는 접근 혹은 학파에 가깝다. 다음의 글을 참고하라. 신진욱, 「비판적 담론분석과 비판적·해방적 학문」,《경제와사회》, 제81호(2010), 12쪽.

김선기

론이요.' 하고 뻔뻔하게 스스로 자신을 드러내고 있기 때문이었다. 여론조사 응답에서 통계적으로나 직관적으로나 유의미한 세대별 차이가 나타나지 않는 데이터를 놓고도, 무턱대고 청년층의 응답만을 강조한 세대주의적인 기사가 작성되는 경우가 허다하다. 청년은 이렇고, 기성세대는 저렇다는 방식으로 차이를 서술할 때, 그 차이가 왜 나타나는 것인지에 대해서 설명하려고 노력하는 텍스트는 거의 존재하지 않는다.

이 같은 맥락에서 세대주의는 교묘하게 계산된 이데올로기라기보다는 오히려 너무 일상적으로 편재해 있는, 대다수 사회 성원들이 공유하고 있는 상상(imaginary)에 가깝다. 데이터에서 세대에 따른 차이가 별로 두드러지지 않을 때도 세대론이 생산되고, 또 그러한 세대론이 무리 없이 수용되는 바탕에는 '세대는 중요하다.', '세대 차이는 존재한다.', '청년은 기성세대에 비해 어떠하다.'라는 데 대한 느슨하지만 견고한 믿음(belief)이 깔려 있다. 담론과 실재는 순환하며 서로를 강화한다. 세대주의적인 믿음은 세대주의적인 행위와 제도로 이어지고, 이는 다시 세대라는 실재가 현저한 (것처럼 보이는) 상태로 이어져 다시금 믿음을 확신으로 바꾼다. 세대주의와 청년팔이는 시간이 흘러도 자기 충족적으로 반복된다.[5] 사람들은 세대론의 한계에 대해서 지성적으로 인지하면서도, 다시금 세대론에 귀를 기울이고 스스로 세대주의적인 발화와 행동을 실천한다.

누가 무엇 때문에 반복해서 청년을 파는가?

《한편》 첫 호의 주제인 '세대'는 새로운 듯하지만, 매우 익숙하고 지겹도록 반복되어 온 논의이기도 하다. 1990년대 초 신세대, X세대 등의 세대 명칭과 함께 담론장을 달구었던 세대론은 과거와 비슷한 내용에 새로운 포장지를 입고서 주기적으로 되살아난다. 2019년에는 유난히 다양하고 포괄적인 세대주의 담론들이 쏟아

[5] 한 연구는 세대주의의 논리적 문제에 관해 다음과 같이 정리하고 있다. 하나, 세대주의는 시간이 흘러도 일정하게 반복된다. 둘, 세대주의는 개인적인 변이와 변화를 부정한다. 셋, 세대주의는 자기 충족적이다. 넷, 세대주의는 의도하지 않은 연령주의(ageism)에 근거를 제공한다. 다섯, 세대주의가 조직 내 실천을 과도하게 구조화하고 있다. Rauvola, R. S., Rudolph, C. W. and H. Zacher, "Generationalism: Problems and implications", *Organizational Dynamics*, 2018.

져 나왔는데, 이 논쟁적이고 뜨거운 이슈들은 사실 근 과거에 이미 비슷한 전례가 있다. 젊은 세대가 기성세대와는 다른 가치관과 문화적 감수성을 내재하고 있음을 주장하는 『90년생이 온다』(2018)를 필두로 한 '밀레니얼' 담론은 90년대 신세대론의 새로운 판본이다. 청년들의 공정성 중시 성향을 다루는 세대론은 이미 『우리는 차별에 찬성합니다』(2013)를 통해 제기된 테제였다. 『불평등의 세대』(2019)는 세대 간 정의 문제를 체계적인 자료 분석과 연구를 통해 밝혀내고 있지만, 기본적으로 세대 간 불평등이라는 문제의식 차원에서는 『88만원 세대』(2007)의 자장으로부터 자유롭지 못하다. 총선을 앞두고 등장하고 있는 세대교체론은 2000년대 초반 '386세대' 담론의 흔적이 감각된다. 밀어내는 주체였던 '386세대'가 20년 후 밀려나야 할 '586세대'로 치환되었다는 차이는 있지만 말이다. 어찌 됐든 2019년 잇따라 출간된 『386 세대유감』, 『불평등의 세대』 등의 단행본은 (본래 의도와는 관계없이) '386세대가 물러나야 한다.'라는 주장을 하는 인물들에게 힘을 실어 주는 논리를 제공하고 있다.

　　세대주의가 '뻔한 반복'인지 아닌지, '진리'와 얼마

나 닿아 있는지 아닌지는 사실 별로 중요하지 않다. 갈수록 어떤 방향으로든 사회에 변화를 일으키려는 더 많은 주체가 세대와 청년에 의지하는 세대주의자로 스스로를 위치시키고 있기 때문이다. 바른미래당에서 최근 새로운보수당 젊은정당비전위원장으로 옮긴 이준석의 단행본 『공정한 경쟁』(2019)도, 정의당 내 청년 조직인 진보너머에서 활동하고 있는 박원익이 낸 단행본 『공정하지 않다: 90년대생들이 정말 원하는 것』(2019)도 세대와 청년의 문제를 논의의 중심으로 끌어들인다. 두 인물은 20대 남성층에서 문재인 정부 지지율이 하락하는 국면에서 이들을 자신들의 정치적 기반으로 끌어들이기 위한 활동에도 적극적이었다.(진보너머에서는 '다수 청년을 위한 진보정치 선언'이라는 선언문을 발표한 바 있다.)

'청년을 위한 정치'를 자임하는 세대주의자가 이토록 많은 데는 이유가 있다. 그 세대주의자들이 세대론의 정치적 쓰임새가 충분하다는 '믿음'을 공유하고 있기 때문이다. 최소한 유권자 집단으로서의 '386세대'가 '노무현 현상'을 만들어 냈다는 담론이 팽배해졌던 2000년대 초반 이후로는 이러한 믿음이 정치 장 언

　　　　　　김선기

저리의 행위자들 사이에서 확대돼왔다. 지역주의를 대체할 새로운 유권자 분할 전략으로 세대가 지목되었고, 그 덕에 수를 셀 수 없이 많은 '청년'의 이름이 젊은 유권자를 포섭하려는 전략과 일정하게 연관을 맺고 유포되었다. 88만원세대론과 N포세대론, G세대론과 청년세대 보수화론 등은 각기 다른 정치 세력이 가진 이해관계에 맞추어 다양하게 활용됐다. (그런데 막상 젊은 유권자를 대상으로 정치적 영향력을 발휘하거나 '청년세대'라는 정치적 집단을 구성하려는 시도들은 대부분 성공적이지 못했다. 그다지 희망적인 전략이 아님에도 불구하고 세대주의적 시도가 향후 계속될 것으로 보인다. 이러한 면에서 이를 '믿음'이라고 칭하는 게 적확할 것이다.)

한편 한국의 기본소득주의자들은 왜인지 스스로 세대주의자를 자처한다. 기본소득은 무조건성, 보편성, 개별성의 원리에 따라 사회구성원 전체에게 지급되는 것이 원칙일 텐데, 이상하게도 한국에서는 청년, 그중에서도 일부 연령층에게만 지급하는 '청년기본소득'을 먼저 실험해 보자는 사람들이 많다. 이는 세대주의적인 청년론 속에서 '청년'이 '사회적 약자'의 자리에 배치되는 부산물이 나타났으며, 따라서 그러한 약자를 위해 무엇을 한다는 발화 자체만으로도 일정한 상징적 이익을 취할 수 있게 되었다는 사실과 연관된다. 인구 전체가 아닌 청년을 대상으로 무언가 정책사업을 펼치는 일, 혹은 청년을 위해 무엇을 하겠다고 말하는 일만으로도 정치적 상징 이윤을 획득할 수 있다면 이는 한마디로 '가성비'가 높다.

또한 '청년팔이'의 참여자로서

'청년팔이의 시대'라고 해도 과언이 아닌 이 상황에 대해, 이전의 나는 세대주의를 근본적으로 배격해야 한다는 입장에 서 있었다. 세대주의적 담론이 갖는 몇 가지 일반적인 경향들 때문이었다. 세대주의는 많은 경우 세대 내의 이질성을 간과함으로써 세대 내 선택과 배제를 구조화하고, 이에 따라 다층적인 불평등을 재생산한다. 게다가 세대주의적인 '청년'론이 누적되어 온 결과 청년이라는 정체성은 피해자, 약자화되어 왔고, 시혜의 대상으로 여겨지게 되었다. 이는 어떤 젊은 층이 '청년'을 스스로의 약자성을 주장하기 위한 도구로 착용하는 '위악적인' 실천을 할 수 있게 하는 기반

김선기

이 되었으며, 다른 한편으로는 주체성을 발휘하고자 하는 젊은 층의 목소리가 사회 구성원의 정당한 주장이 아닌 피해자의 자기 증언으로 왜곡 해석되는 부작용을 만들기도 했다.

그러나 세대주의 바깥에서 그것의 허구성과 위험성을 폭로하고 비판하는 위치에는 한계가 있었다. 아무리 세대주의를 비판해도, 그것보다 훨씬 더 빠른 속도로 더 많은 세대주의 담론이 광범위하게 형성되었다. 세대주의에 비판적인 사람들, 심지어 나조차도 근본적으로 세대주의라는 문화적 상상의 영향권 밖에 위치하기는 불가능했다. 내가 의도하건 의도하지 않건 20대 후반, 30대 초반인 내가 하는 세대주의 비판조차도 세대주의 내에서 이해되는 역설을 매번 경험하면서, 이를 더욱 절감하게 되었다. (물론 나는 그것이 온전히 마르크스주의적 '계급'의 문제만도 아니라고 생각하지만) 조국 사태를 둘러싼 논쟁 구도가 세대론으로 해석되어서는 안 된다는 전제를 내가 가지고 있을 것이라는 점을 알면서도, 『청년팔이 사회』를 읽은 기자들은 꼭 내게 전화해서 '청년세대 연구자'로서 이번 사태를 보는 '청년세대의 입장'이나 '청년세대 행동에 대한 분석'을

나는 세대주의가
교묘하게 계산된
이데올로기라고
생각하지는 않는다.
오히려 이는 너무 일상적으로
편재해 있는
상상에 가깝다.

김선기

세대주의에
비판적인 사람들,
심지어 나조차도
근본적으로 세대주의라는
문화적 상상의 영향권
밖에 위치하기는 불가능했다.

이야기할 것을 요청한다. 세대주의와 청년팔이에 대한 비판을 계속하면서, 나 스스로도 이 세대주의와 청년팔이에 참여하고 있음을 인지하는 것, 그리고 '청년팔이의 시대' 밖으로 도피하는 게 마음 편하다는 유약한 마음과 단절하고 기꺼이 이 전쟁에 참여하여 어떻게 더 윤리적으로 '청년'과 세대를 이야기할 수 있는지를 실천하는 것이 내가 해야 할 일이라고 다짐하게 되는 이유다.

　　이를테면 『청년팔이 사회』의 주요 독자는 자신이 부정적인 결과를 낳는 '청년팔이'를 수행하는 것은 아닌지를 자문해보는 젊은 정치인들이나 활동가들이다. 이들은 스스로 청년이라는 이름을 자임하면서, 혹은 청년을 호명하는 제도에 자발적으로 호응하면서 각자가 바라는 세계를 열어내기 위해서 일상의 투쟁을 벌이고 있다. 내 책의 문제의식을 접하고서, '청년 정치나 청년 운동과 같은 개념을 폐기해야 하느냐'라고 진지하게 질문하는 실천가들에게 내가 할 수 있는, 또 해야 하는 답변은 이런 것이다. 청년을 이야기하거나 팔지 말라고 기성세대에게 소리치는 전략에는 한계가 크다. '청년팔이'를 해 온 사람들이 청년이라는 개념을 우

김선기

리가 원하는 방식대로 이해하도록, 우리의 청년 담론에 동의하지 않는 그들에게까지 강제될 수 있도록, 우리는 오히려 청년을 더 적극적으로 이야기해야 한다. 다만 우리의 '청년팔이'가 저들의 '청년팔이'가 어떤 면에서 변별되는지, 왜 더 윤리적이고 더 정당한지를 증명해나가야 할 따름이다.

그렇다면 더 윤리적인 '청년팔이'는 어떻게 가능할까? (이 또한 끊임없이 조정되겠지만) 잠정적인 두 가지 원칙은 이렇다. 우선, 대안적인 '청년팔이'는 다차원적인 불평등과 사회적 배제를 용인해서는 안 된다. 만 19~39세의 청년층 인구는 천만 명이 넘기 때문에, '청년'을 주어로 전체를 이야기하게 되면 같은 청년이라도 누구는 선택되고, 누구는 배제되는 효과가 발생하게 된다. 따라서 역설적으로 '청년'에 대한 강조가 세대 내의 불평등과 격차를 재생산하는 메커니즘이 될 수 있으므로, '청년'을 이야기할 때 이러한 문제에 각별히 성찰적인 태도가 요구된다.

여기에 덧붙여, 대안적인 '청년팔이'는 랑시에르적인 의미에서 청년을 해방(émancipation)에 이르게 할 수 있어야 한다. 자크 랑시에르는 『해방된 관객』(2008,

2016)에서 피에르 부르디외를 겨냥하면서 사회학자들이 오히려 "자신의 과학적 선을 위해서"(193쪽) 계급 간의 가상적인 경계를 교란하기보다는 그것을 공고화하는 담론을 생산한다고 비판한다. 그러나 그에게 해방이란 경계를 교란하는 일이고, 오히려 개인이 소속된다고 전제되는 각 계급의 '제자리'와 거기에 따른 정해진 에토스에서 벗어나 개인성을 발견하는 일이다.[6] 오늘날 많은 세대주의적 청년팔이는 '청년의 이익을 위한 것'이라거나 '청년을 알기 위한 것'임을 스스로 주장하면서 동시에 청년의 이미지들을 계속해서 생산하고, 청년을 그 이미지 내에 가두는 작용을 한다. 젊은 층을 '청년' 이미지의 함정에 가두고, 청년과 기성세대의 경계를 견고하게 만드는 경향을 넘어서, '청년'을 이야기하면서도 역설적으로 청년이라는 경계와 정체성을 교란할 수 있는 다른 차원의 '청년팔이'가 필요하다.

[6] 이 같은 맥락에서 자크 랑시에르는 『정치적인 것의 가장자리』 (1990)에서 '탈정체화의 정치'를 주장하는데, 이는 "개인들에게 '정확한 이름들'을 부과하려는 시도에 저항하고 그것이 잘못된 명칭이라는 것을, 즉 평등이라는 보편을 입증"(122쪽)하는 정치다.

1020
탈코르셋 세대

연세대학교 불어불문학과 및 사회학과를 졸업하고 한국외국어대학교 통번역대학원 한불과에서 국제회의통역전공 석사학위를 받았다. 연세대학교 문화인류학과에서 공부하면서 페미니스트를 위한 언어를 짓고 옮기는 활동을 한다. 저서로 『유럽낙태여행』(공저), 『잃어버린 임금을 찾아서』, 『우리에게도 계보가 있다』 등이, 역서로 『어머니의 나라』, 『국가가 아닌 여성이 결정해야 합니다』, 『나, 시몬 베유』 등이 있다.

이민경

[주요어] #탈코르셋 #꾸밈노동 #행동주의
[분류] 사회학 > 여성학

탈코르셋 운동?

"제가 문제인지도 몰랐던 어떤 문제들을 알게 되는
것, 그리고 거기에서부터 벗어나는 것, 그게 탈코르
셋인 것 같아요. 선택지가 3번까지 있는데 4번을 추
가하는 게 아니라, '내가 대체 왜 이 1, 2, 3번을 가지
고 있었지?' 하는 물음을 던지는 거요."[1]

2015년 무렵부터 한국 사회에서 일반 여성들로부터
확산된 직접행동주의의 기조란 간단하다. 몸으로 겪는

[1] 이민경, 『탈코르셋: 도래한 상상』(한겨레출판, 2019), 147쪽.

문제를 직접 행동하여 바꾸자는 것이다. 일반 여성 가운데 하나였던 나 역시 2016년 일어난 강남역 살인 사건을 거치며 글쓰기를 통해 페미니스트 액티비스트가 되었고, 그 뒤로부터 꾸준히 여성들이 만들어 내는 문제에 동참하고 개입하며 더 확산할 방침을 고민해 왔다. 활동의 연장선상에서 펴낸 최근작 『탈코르셋: 도래한 상상』을 일반 여성들의 목소리를 담도록 구성한 방식 역시 한국 사회에서 여성주의 관점을 등장시키고 문제를 해결하고자 했던 여성들의 움직임을 따르기 위함이었다. 문제를 해결하고자 움직이는 여성들의 삶을 따라다니면서 탈코르셋 운동을 1년간 관찰하며 작업한바, 꾸밈과 자신을 무관하게 만들고자 하는 시도를 통해 여성들 스스로 여태까지 자신의 욕망이 어디에 고정되어 있었으며 어떻게 인정을 거머쥐고자 했는지 새롭게 바라보려 한다는 것을 깨달았다. 우리는 여성성을 수행하기 위해 일상에서 필요한 행위를 일절 거부하는 탈코르셋 운동을 통해, 여성이 저마다의 이유로 꾸밈을 통한 긍정적인 자아상을 실현하던 시대로부터 일상에서 외모가 아무런 비중을 차지하지 않는 여성이 출현한 시대로 이동하는 광경을 목격하고 있다.

이민경

1020 탈코르셋
페미니스트의 출현

그렇다면 이들은 누구이며 어떻게 출현하였는가? 이 질문에 답하기 위해서는 우선 앞선 문단에서 운동에 대해 기록한 나 자신을 설명하는 몇 가지 단어를 출발점으로 삼아야 할 것이다. 1990년대 초반생인 나는 2016년 5월 17일 서울 강남역에서 일어난 강남역 살인 사건과 강력하게 공명한 세대에 속한다. 여성이 여성이라는 이유로 살해되는 세상에 살고 있다는 메시지를 통해 즉각적인 여성 연대를 만들어 냈던 이 사건을 기점으로 많은 여성들이 스스로를 페미니스트로 정체화했다. 그리고 2018년에는 서울의 북부인 혜화역에서 불법 촬영 편파 수사를 규탄하는 '불편한 용기' 시위가 열렸다. 같은 해 말에는 서울 남부 이수역에서 탈코르셋을 해서 머리를 짧게 자른 여성이 술집에서 남성에게 폭행당하는 이수역 사건이 발생한다. 한국 사회에서 확산된 페미니즘의 물결을 시간의 흐름과 더불어 강남역, 혜화역, 이수역이라는 세 지하철 역으로 바라보자면 페미니스트들에게는 각자와 강력하게 공명하는 지하철 역의 이름이 조금씩 차이 난다. 여성 살해라는 문제를 쏘아 올린 사건이 발생한 장소의 이름을 따 강남역 세대로 불리는 데 별다른 거리낌이 없는 내가 이수역에서 벌어진 사건이 불을 지핀 탈코르셋이라는 의제에 대해 기록을 남기는 데 1년이나 걸렸다는 사실은 단순히 관찰과 기록에 공을 들였다는 의미만을 말하지 않는다. 강남역부터 이수역 사이에 벌써 미세하게나마 세대를 기준으로 한 차이가 존재하는 것이다.

이들은 어리다. 운동을 주도하고 참여하는 이들의 연령대가 10대 후반에서 20대 초반이라는 사실은 탈코르셋 운동의 특수한 방향과 열기를 만들어 냈다. 이때 어리다는 수식어는 비교할 집단이 있어야 성립 가능하다. 이들은 '덜 어린' 집단의 페미니스트들에 비해, 사회에서 발화권력을 가진 층에 비해 어렸다. 이는 운동에 대한 저항감을 형성하고 그 규모에 비해 효과가 충분히 부각되지 않는 결과를 낳았다. 상황에 따라 어리다는 단어에는 그를 수식하는 대상을 미숙한 것으로 바라보는 평가적인 시선이 담겨 있다. 어린애들이 만들어 내는 운동은 그 의미를 충분히 청취하지 않고 효과를 부각하지 않아도 좋을 것으로 만들었다. 그러나 탈코르셋 운동이 의미화되지 않은 이유는 그것이 그럴 만하지 않아서가 아니라 발화 권력을 가진 기성세대가 운동에서 터져 나오는 서사로부터 자기 자신의 경험을 곧장 환기해 버린 데 있었다. 청소년기에 또래 문화에서 배제되는 일이 민감한 문제임을 이해하고, 주된 압력에 저항하기를 중요하게 여기는 이들일수록 꾸밈을 금지당했던 자신들의 교실 속에서 꾸밈은 곧 자유를 상징하고, 꾸민 이들이 배제당하지 않을 권리를 떠올렸다.

"넌 왜 안 꾸며?"에 대한 응답

그러나 거리에서 화장한 학생들을 보며 자신이 누리지 못하던 자유로움을, 그리하여 진보를 읽어 내는 이들은 청취하기 위한 노력을 기울이지 않고는 결코 이 운동의 메시지를 이해할 수 없다. '우리 때는 꾸미는 게 저항'이라는 경험을 소환하며 "화장하는 것을 가지고 왜 굳이 운동까지 해야 합니까?"라고 묻는 이들은 동시에 다음과 같은 질문도 한다. "그런데 왜 요즘은 전부 헤어롤에 마스크를 끼고 등교하는 겁니까?" 두 질문은 모두 내가

우리는 일상에서
여성성을 수행하기 위해
필요한 행위를 일절
거부하는 탈코르셋 운동을
통해 여성이 저마다의 이유로
꾸밈을 통한
긍정적인 자아상을
실현하던 시대로부터

이민경

일상에서 외모가
아무런 비중을 차지하지
않는 여성이 출현한 시대로
이동하는 광경을
목격하고 있다.

탈코르셋을 주제로 한 강연에서 받는 질문이다. 주로 비슷한 세대로부터 나오는 이 두 질문은 서로에게 답한다. 꾸밈이 곧 저항의 의미를 지녔던 교실은 여학생들이 화장하지 않은 얼굴을 수치로 여겨 마스크를 써야 하는 공간으로 바뀐 지 오래다. 선생과 학생이라는 위계질서하에서 선생의 금지에 반해 욕망을 표출하고 저항하던 꾸밈이라는 행위의 의미가 대폭 바뀐 기점은 대략 2010년대 무렵과 맞물린다. 뷰티 산업이 저렴한 화장품을 판매하는 로드샵을 대거 열면서 꾸밈을 시작하는 연령을 낮추어 나가던 시기다. 또래 간의 압력이 무엇보다 강력한 힘을 행사하는 나이 대에서 오로지 여성들에게만 '선택'과 '자유', '욕망'이라는 이름으로 부추겨지는 마케팅은 교실 안에서 서로의 외양을 더 나은 상태로 만들어 주고자 하는 선의를 담아 꾸밈을 권유하는 또래의 얼굴을 한다. 탈코르셋 운동에 즉각 공명하지 못하는 이들이 꾸밈을 금지당하는 바람에 일상에서 이 행위로부터 자유로운 개인적 시공간을 어느 정도 확보한 채 성인으로 살아가는 동안, 뷰티 산업은 공세를 멈추지 않았다. 그 결과 여성에게 아름다움을 주입하는 한국 사회에서 유독 특정 세대에게 꾸밈이란 그저 '하

이민경

지 않으면 될 일'을 넘어서는 문제가 된 것이다. 탈코르셋 운동은 이미 사라진 지 오래인 교실 풍경 대신 화장하지 않은 여성의 얼굴에만 쏟아지는 또래들의 '넌 왜 안 꾸며?'라는 물음에 대한 응답이다.

꾸밈은 저항의 표출이 아니라, 사회적 억압 기제이다

이들은 온라인 문법과 친숙한 페미니스트 세대다. 2015년부터 시작된 온라인 페미니즘이 미묘한 세대 차이를 만들었다고는 하나, 여성이 여성이라는 이유로 공격받고 자주 목숨을 잃는다는 위기감 앞에서 문제를 직접 해결하지 않으면 아무것도 바뀌지 않는다는 직접 행동주의 기조는 과거부터 계속 이어져 왔다. 아름다워지기를 거부한다, 강요된 여성성을 벗어난다, 외모중심주의를 탈피한다……. 여태까지의 페미니즘 운동에서 여성성과 아름다움이란 논쟁의 중심에서 한 번도 비켜난 적이 없기 때문에 어찌 보면 새로울 것도 없는 말들이지만, 탈코르셋 운동에 동참하는 세대는 이 표어를 자신의 몸을 통해 그대로 실현하고 전파한다.

여성성과 꾸밈과 아름다움과 욕망에 대해 논쟁을 벌이거나 담론의 차원에서 옳고 그름을 논하는 대신 움직이기 위해 토론하고 토론한 대로 움직이며 움직인 바를 토론에 더한다. 소셜 미디어와 온라인 커뮤니티는 운동에 대한 일련의 규칙을 정립하는 대대적인 토론의 장이자 더 많은 이들을 운동에 동원하기 위한 수단이 되었다. 이들은 '여성성이 무엇인가?', '아름다움이 반드시 나쁘다고만 할 수 있는가?'라는 질문에 답할 논리를 가다듬기보다 개개인이 일상에서 반복하는 꾸밈이라는 행위를 중지함으로써 그로 인해 대상화된 신체 이미지와 반복적인 행동을 통해 굳어져 버린 강박을 돌파할 대상으로 삼는다.

이들은 몸을 통해 움직인 결과 그 동안 선택과 자유라는 이름으로 수행되었던 여성성이 자신에게 어떤 영향을 주었는지 확인하고 이를 벗어날 수 있는 여지를 몸소 실감한다. 내가 만난 이들은 저마다 끊임없이 거울을 보고, 거울을 놓고 나오면 불안하고, 누군가 자신의 얼굴을 바라본다고 느끼고, 살이 쪘는지 지속적으로 점검하고, 짧은 거리를 외출하는데도 화장을 하고 옷을 코디해야만 한다는 불안에 사로잡혀 있었으나

이민경

공통적으로 이로부터 벗어났다고 술회했다. 한때 이들이 강박으로부터 벗어나기 이전에 경험하던 구체적인 에피소드가 과장된 일부의 사례로 여겨지며 온라인 상에서는 경험의 보편성 혹은 진위 여부를 가리는 토론이 붙기도 했다. 하지만 에피소드의 과장성을 의심하는 이들 가운데 한국 사회가 외모중심주의를 심각하게 강조하는 문화이며 그로 인해 여성 개인들에게 과도한 성형과 다이어트를 부추겨 자기 존중감 하락과 강박과 우울증을 비롯한 정신 건강 악화라는 병폐를 불러온다는 진단에 동의하지 않을 이는 없다. 중요한 것은 문제적이라는 데 이견이 없다고 묘사된 사회적 풍경 속에서 걸어 나온 여성이 직접 내어놓는 경험된 문제가 문제가 되기에는 너무 흔한 것이나 보편적인 문제이기에 너무 과한 것으로 여겨지는 아이러니는 언제나 일어난다는 점이다.

다음 여성 세대를 위한 저항의 새로운 얼굴

경험하던 문제를 벗고 남성 중심 사회에서 타자 대신

주체가 되고자 탈코르셋 운동에 참여한 여성들은 무엇보다도 다음 세대를 위해 연대하고자 한다. 뷰티 산업의 공세가 목표하는 연령대가 급속도로 낮아지기 때문이다. 탈코르셋 운동에서 자신의 경험만큼이나 자주 언급되는 키즈 메이크업 산업은 여자 유아의 얼굴을 두고 '블루오션' 운운하기를 서슴지 않는다. 이 산업이 화장하고자 하는 유아의 욕구를 '막을 수 없는' 것으로 규정하고 그렇기 때문에 '안전하게' 실시해야 한다는 슬로건을 만들어 내면서 마케팅을 진행하기 때문이다. 그러나 막을 수 없는 유아의 욕망을 위하여 산업이 제시하는 결과로서의 '안전한' 화장품이란 바로 그것을 제시하기 위해 유아의 욕망을 부추긴 원인이기도 하다. 약 2000억 원에 달하는 시장의 규모야말로 꾸밈에 대한 아동의 욕망을 쌓아 만든 결과다. 꾸밈이 곧 저항이었던 경험에 가로막혀 새 의미를 부여받기 어려웠던 탈코르셋 운동은 꾸밈을 시작하는 연령대가 점점 더 낮아지는 현실에 대항하기 위하여, 여성이 여성성을 수행해야 하며 이 때의 여성성은 아름다움이라는 지고의 가치를 지향해야 한다는 전제를 부순다. 오로지 여아에 한하여 꾸밈을 수행하는 나이가 점점 어려지는

이민경

한국 사회에서, 나이에 무관하게 강요되는 아름다움에 대한 여성의 욕망을 그 이전으로 되돌리기 위함이다.

"20대 남자" 문제

혹은 반페미니즘 언어 분석을 위한 시론

18세기 영국의 지성사와 문학을 공부하고 있으며, 1980년대 이후 한국사회의 문화와 담론에도 관심을 갖고 있다. 논문으로는 「헬조선 담론의 기원」, 「'서구 근대'의 위기와 한국 동아시아 담론의 기이한 여정」 등을 썼으며, 리처드 왓모어의 『지성사란 무엇인가?』를 번역 출간할 예정이다. 블로그(begray.tistory.com)를 운영 중이다.

이우창

[주요어] #20대남자 #반페미니즘 #언어전략
[분류] 정치학 > 정치사상사, 젠더 연구

20대 개새끼론에서
20대 남자론까지

2007년 우석훈·박권일의 『88만원 세대』의 출간 이래 한국의 담론장에서 20대는 언제나 문제적이었다. 무엇이, 왜 문제였는가?

20대 문제의 핵심은 짧게 말해 그들이 한국의 진보·민주화 세력이 정해 놓은 역사적인 역할을 잘 연기하지 않는다는 것이었다. 왜 20대는 신자유주의 시대에 사회 변혁의 주체가 되지 않을까(우석훈, 김홍중), 왜 20대는 민주당에 투표하지 않는 "개새끼"가 되어 버렸나(김용민), 왜 20대는 헬조선에 살면서도 사악한 박근혜 정권을 타도하러 투쟁하지 않는가(박노자)? 그러한 우려는 2008년의 광우병촛불집회나 2016년 말의 탄핵촛불집회, 2017년 대통령선거에서처럼 20대가 신의 섭리에 따라 진보·민주화 세력 혹은 586세대의 정치적 목표에 동참하는 것처럼 보였을 때 잠시 사그라들고는 했다.[1] 그러나 2018년 후반부터 20대 남성의 정권 지지율이 눈에 띄게 하락하면서 20대 문제는 이제 '20대 남자 문제'로 다시금 돌아왔다. 586세대의 일차적인 반응은 왜 20대 남자들이 삐뚤어졌는지를 자신들의 상식 속에서 설명(을 빙자하여 비난)해 보려는 것이었다. '축구나 게임을 하다가 그 시간에 공부하는 여성들에게 밀려나니까 역차별당한다고 생각한다'(유시민)는 해석이나 '이명박·박근혜 시절에 민주주의 교육을 제대로 못 받아서 그렇다'(설훈)는 단언이 대표적이다. 다행

[1] 2000년대 중반부터 2010년대 중반의 헬조선 담론에 이르기까지 청년세대론의 정치적 맥락에 관해서는 이우창, 「헬조선 담론의 기원: 발전론적 서사와 역사의 주체 연구, 1987~2016」,《사회와철학》제32호(2016), 107~158쪽 중 특히 4절과 5절을 참고. 본고의 문제의식을 공유하는 다른 글로는, 김선기, 「타자를 이해하는 방법」,《열린정책》제4호(2019), 174~179쪽을 참고하라. 출간 전 원고를 읽게 해 준 김선기 님에게 감사드린다. 그리고 본고의 초고를 읽고 유용한 논평을 해준 김선기, 김선해, 김학준, 반주리, 최민경 님께 감사드린다.

히 한국 사회에는 고장 난 기계처럼 자신의 믿음을 되뇌는 대신 현상을 살피는 게 우선이라고 판단할 수 있는 사람도 존재했다. 천관율·정한울의 『20대 남자: '남성 마이너리티' 자의식의 탄생』(시사IN북, 2019)은 바로 그러한 관찰의 시도라고 할 수 있다.

『20대 남자』의 저자들은 2019년 3월 "20대 남녀 500명, 그 외 연령대의 성인 남녀 500명" 대상으로 진행한 설문조사 결과로부터 다음과 같은 해석을 끌어낸다.(17쪽) 20대 남성들은 취업·승진·결혼·연애 등 삶의 제반 영역에서 단순히 다른 세대에 비해 여성 차별 문제가 심각하지 않다고 생각할 뿐만 아니라 자신들, 즉 20대 남성들이 차별받고 있다고 믿는 경향이 있으며, 그중 25.9퍼센트의 응답자는 페미니즘에 대한 극단적인 거부감을 표명하는 "반페미니즘적 신념형 20대 남자"로 나타난다. 이들은 '남성 차별'을 조장하는 정부의 양성평등 정책에 심각한 문제가 있고, 그 배후에 있는 페미니즘은 전적으로 해로운 운동이라고 믿는다. 요컨대 사악한 페미니즘과 결탁한 정권이 남성이 차별받는 세상을 만들고 있으며, 자신들은 그로 인해 부당한 피해를 받고 있다는 "남성 마이너리티 정체성"이

20대 남자 문제의 핵심이다.(56쪽)

20대 남성 집단에 강력한 반페미니즘이 무시할 수 없을 정도로 공유되고 있는 현실을 명확하게 보여 주는 『20대 남자』는 무엇보다도 민주화·5386세대가 20대를 설명해 온 관습적인 해석을 여론조사에 기초해 교정할 기회를 제공한다는 점에서 유의미하다. "공정에 민감하고 불공정에 반대하는 태도를 20대 남자가 갖고 있는 것은 사실"이지만 이는 "나머지 세대·성별도 마찬가지"이기에(69쪽) "20대 남자가 정치적으로 보수화되었다거나, 유난히 여성 혐오 성향이 폭넓게 퍼졌다거나, 공정성에 대한 애착이 커서 작은 손해에도 민감하기 때문이라는 등의 설명"은 적어도 이 조사에서는 타당한 것으로 나타나지 않는다.(53쪽)

물론 저자들 스스로 흔쾌히 인정하지만, 『20대 남자』를 통해 현재 (약간 범위를 넓히자면 10~30대 일부를 포함하는) '20대 남자'가 무엇을 어떻게 생각하고 있는지 명확하게 이해할 수 있는 것은 아니다. 대표적으로 책의 핵심인 페미니즘 분석에서 저자들은 "페미니즘은 남녀의 동등한 지위와 기회 부여를 이루려는 운동이다", "페미니즘은 남녀 평등보다 여성우월주의를 주장한다" 등 총 여섯 개 문항에 대한 답변을 통해 일종의 "페미니즘 찬반 지수"를 설정하고 응답자들을 분류한다.(59~67쪽) 문제는 이때 각각의 응답자들이 '페미니즘'을 정확히 어떻게 이해하는지 알 수 없다는 사실이다. 실제로 여러 SNS나 온라인커뮤니티에서 페미니즘을 두고 벌어지는 논쟁을 조금이라도 관찰해 보면, 사람들이 페미니즘이라는 개념을 평가하고 정의하는 방식이 스스로를 페미니스트라고 규정하는 집단 내에서조차 무척이나 다양함을 쉽게 알아차리게 된다. 이 점을 고려할 때 『20대 남자』는 '페미니즘'을 적대시하는 청년 남성들 다수가 있다는 사실만을 확인할 뿐 그들이 구체적으로 어떤 논리를 따라 사고하는지는 이해할 수 없다. 만약 '20대 남자 문제'를 정말로 이해하고 또 여기에 (정책적인 측면을 포함해서) 실천적으로 대응하고자 한다면 한 걸음 더 나아가야 한다. 이들이 페미니즘을 어떻게 이해하고 있으며 또 왜, 어떻게 반대하는가를 이들 자신의 언어와 맥락을 통해 살펴보려는 시도가 바로 그것이다.

　나는 세대론이나 페미니즘과 같은 담론을 분석할 때 찰스 테일러(Charles Taylor)의 해석학적 입장 및 케

임브리지 지성사학파의 언어맥락주의를 따라 사람들이 사용하는 언어 자체를 역사적인 맥락 속에 놓고 구체적으로 분석하는 일이 필수적이라고 주장한다.[2] 특히 언어맥락주의 방법론에 따르면, 구체적인 발화나 담론 등의 언어로 표현된 대상의 역사적인 의미를 제대로 이해하기 위해서는 다른 무엇보다도 그러한 언어가 어떠한 구체적인 시공간적 맥락 내에 놓여 있는지, 특히 그것이 어떠한 '언어적인 맥락' 속에서 어떤 용법으로 사용되고 있는지를 이해할 필요가 있다. 예컨대 오늘날 한국청년세대의 반페미니즘을 분석하고자 할 경우, 우리는 먼저 청년세대가 사용하는 언어 속에서 반페미니즘의 어휘들이 정확히 어떠한 뜻과 의도를 담고 사용되고 있는지를, 나아가 그러한 언어의 용법(쓰

[2] 전자에 관해서는 찰스 테일러, 권기돈·하주영 옮김, 『자아의 원천들: 현대적 정체성의 형성』(새물결, 2015)의 1부 및 Naomi Choi, "Defending Anti-Naturalism after the Interpretive Turn: Charles Taylor and the Human Sciences", *History of Political Thought* 30.4(2009), pp. 693~718 등을 참고. 후자에 관한 개괄로는 제임스 탈리 엮음, 유종선 옮김, 『의미와 콘텍스트: 퀜틴 스키너의 정치사상사 방법론과 비판』(아르케, 1999)에서 특히 제임스 탈리와 퀜틴 스키너의 글 및 Richard Whatmore, *What is Intellectual History?*(Polity, 2015) 등을 보라.

임새)이 어떤 상황 속에서 형성되고 변해 왔는지를 면밀하게 살펴야만 한다. 사람들이 반페미니즘의 언어를 어떤 의미로 또 무슨 의도를 가지고 사용하고 있는지를 설명할 수 없는 한, 우리는 반페미니즘을 분석했다고 말할 수 없다. 반페미니즘에 그저 비난과 경멸을 표현하는 것으로 충분하며 그 언어를 정밀하게 분석할 필요는 없다고 믿는 이들의 착각과 달리, 반페미니즘은 비교적 짧은 기간 동안 매우 많은 수의 사람들이 공유하는 언어가 되었으며 그 영향력은 최소 수십 년 이상 지속될 가능성이 크다. 이 글이 반페미니즘을 직접적으로 비난하거나 조롱하지 않는다는 데 불만을 제기하고 싶은 사람이 있다면, 나는 이제 우리에게 그것보다는 좀 더 실천적인 작업이 필요하며, 그것이 내가 언어맥락주의 방법론을 채택한 이유라고 답하고자 한다.

2015년, 한국 반페미니즘의 대두

'20대 남성', 실제로는 10대에서 30대 중반에 이르는 청년남성 집단이 폭넓게 공유하는 반페미니즘을 논할 때 먼저 주의해야 할 지점은 마치 반페미니즘이 하나

의 보편적 실체로 존재하는 것처럼 상정해서는 안 된
다는 사실이다. 서구의 안티페미니즘 모델은 한국에
그대로 적용될 수 없다. 예컨대 전통적인 성 역할을 강
조하는 기독교 보수주의적 관점이나 과거의 '남자다
운' 덕성을 페미니즘의 '중성화'가 위협한다는 식의 입
장은, 종교적 열정에도 전통적인 남성성에도 거부감이
큰 한국의 반페미니즘에서 유의미한 지분을 차지하지
않는다. 오히려 우리는 현재의 반페미니즘을 극히 최
근의, 즉 지난 수년간 한국 사회에서 진행되어 온 거대
한 변화의 맥락에서 읽을 필요가 있다. 너무나 상식적
이게도, 페미니즘의 대두 바로 그 자체 말이다.

주지하다시피 페미니즘은 적어도 2015년 트위터
의 페미니스트 해시태그 운동 및 온라인커뮤니티 메
갈리아의 등장 이전까지는 청년남성 집단에게, 혹은
한국 자체에서 매우 제한적인 관심만을 받는 주제였
다.[3] 메갈리아 커뮤니티와 연관 페이스북 페이지의

[3] 한국언론진흥재단(https://www.kinds.or.kr/) 기사검색 서비스
를 참조하면, '페미니즘' 및 '페미니스트'가 언급된 기사의 수는 1990년대
후반부터 2014년까지 별다른 변동을 보이지 않다가 2015년을 기점으로
급격히 증가한다. 한국에서 오늘날과 같은 페미니즘의 대두는 점진적인
발전의 결과물이라기보다는 급작스러운 변화라고 보는 게 타당하다.

운영자들은 (공식적인 사회 통념에 어긋나는 내용 또한 적지 않게 포함하던) 다양한 게시물 중에서 새로운 페미니즘을 정당화할 수 있는 내용을 선별해서 전파하는 정치적인 감각을 보여 주었다.[4] 당시 일간베스트저장소(일베)로 상징되는 거대한 극우 혐오 세력의 출현을 심각하게 경계하고 있던 진보 진영 및 언론이 메갈리아를 일베에 대항하는 '젊고 적극적인 페미니스트 여성 집단의 등장'으로 받아들여 열성적으로 지지한 것은 이러한 맥락에서 놀라운 일이 아니다. 이 과정에서 '미러링', '여혐'(여성혐오)과 같은 개념은 그 의미가 명확하지 않음에도 불구하고, 오히려 바로 그렇기 때문에 더 폭넓게 퍼졌으며, 메갈리아 커뮤니티 자체의 짧은 수명과 무관하게 사회 전반에 페미니즘 논의를 불붙이는 데 성공했다. 기존의 여성운동 세력은 (다소간

[4] 일반적으로 메갈리아에 대한 논의는 옹호자와 비판자 모두 해당 온라인커뮤니티 자체에 집중하는 경향이 있으며, 연관 페이스북 페이지의 활동 등은 커뮤니티 활동의 일부 정도로 간주되곤 한다. 그러나 당시 메갈리아가 급속히 인지도와 영향력을 획득할 수 있었던 과정을 제대로 이해하기 위해서는, 페이스북 페이지의 운영자처럼 커뮤니티 외부에서 메갈리아의 이미지를 형성한 이들을 고유한 행위자로 보고 이들이 실제로 어떤 전략을 선택했는지 살펴볼 필요가 있다.

『20대 남자』가 지적한
"반페미니즘적 신념"은
세계를 해석하고 판단하는
하나의 서사이자
언어 전략으로 존재한다.

이우창

현재 점차 커다란 논쟁을
불러일으키고 있는
'정치적 올바름'에 대한
거부와 증오에서처럼
반페미니즘의 언어는
지금 이 순간에도
한국 시민 사회의 규범을
재설정하는 투쟁의 전선에서
작동하고 있다.

의 환상과 오해를 곁들여) 새로운 "넷페미"의 확산을 자신들이 추구해 온 여성주의 정책을 실현하기 위한 동력으로 받아들였고, 이는 2017년 출범한 문재인 정권의 여러 정책적 시도로 이어졌다.[5]

청년남성 집단의 반페미니즘은 기본적으로는 전술한 흐름이 엠엘비파크나 오늘의유머 같은 남성 중심 온라인커뮤니티에서 어떻게 이해되고 또 대응되었는가의 맥락에서 이해될 필요가 있다.[6] 먼저 남초 커뮤

[5] 메갈리아의 원형이라 할 수 있는 디시인사이드 메르스갤러리는 2015년 5월 말에 개설되었고, 메갈리아가 독립된 홈페이지를 가진 온라인커뮤니티로 출범한 것은 같은 해 8월이다. 이후 12월 남성 동성애자 대상 혐오표현('똥꼬충')의 용인을 두고 벌어진 논쟁 이후 메갈리아 커뮤니티는 사실상 침체기에 접어들었으며, 게이·트랜스젠더 혐오를 승인하는 집단은 별도의 커뮤니티 '워마드'를 구축했다. 양자의 정치적 영향력을 평가하기란 쉽지 않으나, 메갈리아가 이후 여성가족부 장관에 취임하는 민주당 진선미 의원실 후원 활동을 포함해 넷페미집단과 민주당 정권이 연결되는 통로를 개시한 데 비해, 2017년 이후 박근혜 지지를 포함해 본격적으로 반문재인 극우로 돌아선 워마드가 (몇 차례의 대중집회를 제외하고) 여성주의의 제도 정치 진출에 유의미한 기여를 했는지는 의문이다.
[6] 물론 이전에도 '꼴페미'라는 말로 집약되는 여성주의자에 대한 조롱과 매우 다양한 형태의 여성혐오는 일상적으로 존재했으며, 그중에서는 여성가족부에 대한 (종종 가짜뉴스에 기초한) 공격처럼 이후의 반페미니즘으로 이어지는 사안도 있으나, 우리는 기본적으로는 페미니즘이 그러하듯 반페미니즘 또한 2015년 이전과 이후를 구별해야 한다.

이우창

니티는 진보 진영·언론과 달리 자신들의 여성혐오 문화를 대대적으로 공격하는 메갈리아에 호의적이지 않았다. 이들은 메갈리아가 그 모태였던 디시인사이드, 그리고 무엇보다 메갈리아의 '미러링' 대상이었던 일베의 여러 코드를 공유한다는 사실을 빠르게 인지했다. 진보진영·언론이 메갈리아를 페이스북 페이지 등에 의해 선별된 자료를 통해 이해했다면, 남초 커뮤니티의 메갈리아 비판자들은 '메갈' 커뮤니티가 일베의 여성화 버전으로 혐오 표현이 판치는 곳이라는 (아주 거짓이라고는 할 수 없는) 상을 구축했다. 메갈=일베=혐오세력이라는 도식은 이후 메갈리아가 기존의 여성주의단체·언론 등에 의해 새로운 페미니즘으로 인정받으면서, 또 메갈리아와 워마드가 한데 묶여 지칭되면서 자연스럽게 메갈=웜=배타적 여성우월주의="페미"라는 논리로 확장되어 갔다.

중요한 것은 페미니즘은 곧 배타적 여성 우월주의라는 논리가 문재인 정권기에 20대 남성의 반페미니즘 의식으로 발전했다는 사실이다. 2018년 후반부터 2019년 초반까지 주요 쟁점 세 가지를 꼽아 보자. 첫째, 2018년 6월 헌법재판소의 대체복무제 도입 판시가, 같

은 해 11월 대법원의 종교·양심적 병역거부 무죄 판단
이 나오면서 병역 의무와 닿아 있는 20대 남성들의 상
대적 박탈감이 극심하게 나타났다. 둘째, 2018년 9월
대전 곰탕집 성추행 1심 재판에서 (명확한 물증이 제시되
지 않은 상황에서) 유죄 판결이 나고, 같은 해 12월 여성
폭력방지기본법이 당초 원안과 달리 '생물학적 여성'만
을 보호하는 형태로 통과되는 등 성폭력과 관련된 법
적 판단에서 남성의 기본권이 지켜지지 않는다는 불만
이 커졌다. 셋째, 각 분야에서 여성 할당제 도입이 추진
되고, 2019년 2월 방송통신위원회에서 통신 패킷을 감
청하는 방식으로 해외 성인사이트를 차단하는 등 정권
의 적극적인 개입 조치가 이어졌다. 요컨대 군대, 성범
죄, 포르노, 성별 할당제 등 다양한 영역에서 남성 청년
집단의 반발을 초래하는 공적 결정이 이어지면서, '정
권이 페미니즘과 결탁해 20대 남성을 역차별한다'는
서사가 굳건히 자리를 잡게 된다.

　　2017년까지 남초 커뮤니티에서 소수나마 찾아볼
수 있었던 메갈·워마드와 '정상적인' 페미니즘을 구별
해야 한다는 목소리, 즉 페미니즘 자체는 옹호해야 한
다는 입장은 사실상 사라졌다. 이제 각 대학의 학생 온

라인커뮤니티에서는 페미니즘이 남성의 기본권을 짓밟고 여성이 우월한 세상을 만들고자 하는 해로운 '정신병'이라는 구호가 광범위하게 울려 퍼졌으며, 조던 피터슨이나 크리스티나 호프 소머스 같은 영어권 안티페미니즘 논자들의 주장이 잘 요약된 형태로 유통되었다.

'나무위키 성 평등주의 날조 사건'과 반페미니즘 언어 전략

그렇다면 한국 청년남성 집단의 반페미니즘은 구체적으로 어떠한 언어와 전략에 기초하는가? 이를 포괄적으로 이해하기 위해서는 각종 반페미니즘 운동 단체를 비롯해서 온라인 커뮤니티, 유튜브의 반페미니즘 방송 등에 대한 탐구가 필요하다. 그중 2016년 하반기에 전개된 '나무위키 성 평등주의 날조 사건'은 지금까지도 이어지고 있는 반페미니즘의 언어 전략을 잘 보여 주는 흥미로운 사례로 간략하게나마 짚어 볼 가치가 있다.[7]

[7] 이하 내용은 주로 나무위키의 「나무위키 성 평등주의 날조 사건」 항목(2019년 11월 28일 접속) 및 내가 《허핑턴포스트》에 작성했던 포

2016년 7월 넥슨의 게임 '클로저스'에 참여한 김자연 성우가 메갈리아 옹호를 사유로 계약 해지됨에 따라 온라인에서는 넷페미니스트와 비판자 사이의 갈등이 격화되었고, 디시인사이드 등지에서는 성 평등과 페미니즘을 분리하려는 시도가 나타나고 있었다. 이런 상황에서 같은 해 8월 초 나무위키의 한 사용자는 "페미니즘이 역차별 논란이 심해지자, 서구권에서 모든 인간은 평등하다는 주장을 기반으로 하여 생겨"난 '이퀄리즘'은 "페미니즘보다 역차별 논란에서 자유"로운 사상이라는 「이퀄리즘」 항목을 개설한다. 해당 문서의 내용은 이후 여러 기여자의 참여를 통해 빠른 속도로 보충되었다. 특히 "최근 많은 과학자들과 페미니스트들이 스스로를 이퀄리스트라 칭하며 그 숫자가 불어나고 있"으며 "주류 페미니스트의 잘못된 방식과 부정적인 사고방식 때문에 이들은 페미니즘보다는 이퀄리즘을 추구하는 추세"라는 서술이 잘 보여 주듯, 기여자들은 이퀄리즘이 페미니즘을 대체하고 있는 서구의 최신 흐름을 보여 준다는 서사를 구축했다. 물론 이는 애

스팅 「'나무위키 성 평등주의 날조 사건'에 대하여」(2017년 2월 3일)를 참고했다.

초에 존재하지 않는 사상적 조류를 '날조'한 것이었다. 그러나 다음 해 1월 말 페미위키의 구성원들이 나무위키의 해당 항목이 사실 관계에 부합하지 않는다고 지적한 바가 받아들여지기 전까지 이퀄리즘 서사는 나무위키 내부만 아니라 정의당 당원게시판을 포함한 한국 사회의 다른 담론장에까지 전파되었다. 지금도 그 영향력은 곳곳에 남아 있다.

「이퀄리즘」 항목의 기여자들은 페미니즘에 관해 어떠한 인식과 믿음을 지니고 있었을까? 해당 문서가 본격적으로 비판받기 직전까지 어떠한 내용이 작성되었는지 살펴보자.[8] 이들은 기본적으로 "페미니즘은 여성이 억압받는 약자이므로 남성을 차별해야 평등해질 수 있다는 주장"이라고 생각하며, 이러한 전제로부터 "[워마드와 같은] 래디컬 페미니스트와 페미니스트를 지칭하는 페미나치가 페미니즘, 페미니스트라는 명분을 가지고 여성우월주의를 주장하고, 남성혐오를 하는 것"이 가능해진다고 본다. 즉 페미니즘이 "기본적으로 여성에 대한 억압이 존재함을 전

[8] 「나무위키 성 평등주의 날조 사건」 r192판(2017년 1월 7일 작성)을 참조.

제하고 여성권리의 향상과 남성권리의 박탈"을 추구하는 반면, 이퀄리즘은 "여성의 권리나 지위가 낮다고 단정하지 않"으며 "여성의 현재 권리가 어떤지에 관계없이 남녀에게 동등한 기회와 권리 그리고 의무를 부여한다면 성별 대립과 차별, 역차별 그리고 그에 대한 반발을 겪지 않고서도 진정한 성 평등을 이룰 수 있다고 생각한다". 즉 페미니즘이 (1) 여성이 억압받고 있다는 '부당한' 인식에 기초하여 (2) 남성을 혐오하고, 차별하고, 그들의 권리를 박탈하는 여성우월주의로 나아가는 사조라면, 이퀄리즘은 (1) 오늘날 여성에 대한 유의미한 차별이 존재한다고 보지 않으며 (2) (특정한 성의 권리와 의무를 조정하는 조치가 없다고 해도) 모든 성에게 동일한 기회·권리·의무를 부여하는 것으로도 갈등과 반발 없이 '진정한 성 평등'에 도달할 수 있다고 주장한다.

　　우리는 그 자체로는 폐기된 '이퀄리즘' 항목의 언어로부터 오늘날 한국의 청년 남성이 공유하는 반페미니즘으로 이어지는 몇 가지 중요한 논리를 읽어낼 수 있다. 첫째, 반페미니즘의 발화자들은 가족이나 남성성과 같은 전통적인 가치가 아니라, '서구 현대'에 귀속

　　　　　　　　이우창

되는 성 평등·성중립화를 지금 이곳의 사회의 지향으로 받아들인다. 이들은 오히려 페미니즘이 후자의 지향을 충분히 실현할 수 없기에 폐기되어야 한다고 주장한다.[9] 둘째, 이들은 '포스트페미니즘'적 역사관이라 부를 만한 논리에 기초하여 과거 586세대까지는 여성차별이 극심했으나 현재는 그러한 차별이 사실상 소멸한 평등한 사회가 되었기에 페미니즘이 필요하지 않다고 주장한다. 이는 종종 여성차별을 통한 혜택을 만끽한 586진보들이 스스로의 죄책감을 오늘날의 페미니즘에 투사하여 20대 남성을 역차별한다는 주장으로 발전한다. 셋째, 이들이 보기에는 이미 제도적 평등이 실현된 오늘날 한국에서 페미니즘은 남성의 권리를 박탈하고 여성의 권리만을 과도하게 높이는, 갈등과 분열, 혐오를 조장하는 사회악에 불과하다. 특히 여성 할당제 등의 적극적 차별시정조치(affirmative action)는 국가가 페미니즘에 매몰되어 사회의 공정한 질서를 해

[9] 반페미니즘 발화자들이 지속적으로 '오늘날 서구에서도 페미니즘을 포기하고 있다'는 주장을 내세운다는 사실은 이들의 수사적 전략이 반근대주의가 아니라 초(hyper)근대주의의 위상을 차지하는 데 있음을 보여준다.

치는 최악의 정책으로 평가된다.

이러한 사항들은 『20대 남자』가 지적한 "반페미니즘적 신념"이 단순한 "남성 마이너리티 정체성"을 넘어 세계를 해석하고 판단하는 하나의 서사이자 언어 전략으로 존재한다는 것을 보여 준다. 현재 점차 커다란 논쟁을 불러일으키고 있는 '정치적 올바름'에 대한 거부와 증오에서처럼 반페미니즘의 언어는 지금 이 순간에도 한국 시민 사회의 규범을 재설정하는 투쟁의 전선에서 작동하고 있다.

경멸과 분노의 회전에서 벗어나기 위해

상기한 스케치로부터 '20대 남자 문제'를 이해하고 이에 대응하기 위한 몇 가지 교훈을 끌어내는 것으로 마무리하자. 먼저 '20대 남성', 즉 청년남성 집단의 반페미니즘 정서는 과도한 경쟁사회 등의 이론적 모델로는 충분히 설명될 수 없다. 청년세대가 과도한 경쟁에 내몰리고 있다는 지적은 반페미니즘의 대두 이전부터 일상적으로 제기되어 왔다는 점에서 '20대 남자 문제'의 직접적인 원인이 될 수 없다. 현재의 정책적 지향에 대한 청년 남성의 반감을 구체적으로 이해하기 위해서는 관찰자의 가치 판단이 무비판적으로 전제된 가설이나 대규모 설문조사가 매우 제한적인 효용만을 가진다는 사실을 받아들여야 하며, 그와 함께 종종 서울–대학생 집단이라는 매우 좁은 집단으로 잘못 대표되는 이들이 어떠한 담론을 통해 세계를 해석하고 있는지를 추적해 분석하는 작업이 필요하다.

현재 (남성과 여성을 포함한) 청년세대는 586세대 정책결정권자·연구자에게 익숙한 것과는 매우 다른 언어에 의해 사고한다. 586세대와 현재 청년세대가 떠올리는 "페미니즘"은 사실상 다른 관념이다. 일부 온라인 커뮤니티에서 출발한 (반)페미니즘이 불과 2~3년 만에 해당 세대 남성 집단 전반으로 퍼져 나간 데서 알 수 있듯 오늘날의 청년세대는 과거와는 다른 장치, 다른 매체, 다른 동학, 다른 전략 속에서 살아가고 있다. 그러한 차이를 인식하기 위한 가장 기본적인 자료인 언어와 담론을 직접적으로 대면하고 그것들이 어떤 요소들로 이루어졌으며 어떤 지향점과 취약성을 지니고 있는지를 분석하지 않는 한, 20대 남성이 586세대의 기대와 예측을 벗어나는 일은 되풀이될 가능성이 높다. 그러한 반복 속에서 서로를 향한 경멸과 분노의 심정이 회전하는 나사못처럼 더욱 깊어지리라는 것만큼은 분명히 예측할 수 있다. 그보다 아주 조금 나은 미래를 만들기 위해서는 현실을 있는 그대로 직시해야 한다. 그것이 지금 여기의 연구자들에게 주어진 책무다.

이우창

밀레니얼에게
가족이란

이화여자대학교 정치외교학과를 졸업하고 연세대학교 대학원 사회학 석사학위를, 미국 코넬대학교 대학원 사회학 박사학위를 받았다. 「계층화된 젊음: 일, 가족 형성에서 나타나는 청년기 기회 불평등」(2016), 「분절 노동시장에서의 젠더 불평등의 복합성」(2015), 「분포적 접근으로 본 한국 성별 임금 격차 변화, 1982~2004」(2009) 외 다수 논문을 발표했다. 현재 연세대학교 사회학과 부교수로 재직 중이며 '불평등과 인구 변동'이라는 연구재단 일반공동연구 3년 프로젝트의 PI로 불평등의 증가가 개인들의 인구 행동에 어떤 변화를 일으키는지를 연구 중이다.

김영미

[주요어] #밀레니얼세대 #세대내불평등 #젠더비대칭성
[분류] 사회학 > 비교사회학

과연 세대론의 폭발이라 할 만하다. '88만원 세대'에서 '90년생'까지 기성세대와 대별되는 특징을 강조하는 청년세대 담론은 2019년 여름 출간되어 화제를 모은 『불평등의 세대』(이철승)에서 386세대와 청년세대 간 불평등에 대한 문제 제기로 변모하더니, 『공정하지 않다』(박원익·조윤호)와 『공정한 경쟁』(이준석)에서는 386세대의 불공정성과 위선이 세대 간 불평등의 원인이라는 주장으로 진화하는 중이다.

불평등을 연구하는 사회학자 입장에서는 세대론이 불평등 논의와 연결되는 상황이 바람직해 보이기도 한다. 그런데 청년세대의 독특한 문화적 특성을 부각하는 담론이든 386세대와 이해관계를 뾰족하게 대비

시키는 담론이든 공통적으로는 청년세대의 동질성을 강조하고 있다. 이 담론들은 청년층 내부의 차이는 한국 사회 불평등 문제의 핵심을 이해하는 데 부차적이거나, 혹은 청년세대의 연대를 위해 극복해야 할 무엇이라고 주장한다. 그러나 세대 내 이질성이야말로 오늘날 청년세대의 가장 큰 특징이며, 왜 지금 한국 사회에서 세대 그리고 불평등이라는 키워드가 이토록 뜨겁게 부상하고 있는지를 일관된 틀로 이해할 수 있는 단서이기도 하다.

중요한 것은 여기에서 얘기하는 세대 내 이질성이 어떤 종류의 이질성인가 하는 점이다. 언뜻 밀레니얼세대 개인들이 삶에서 선택의 자유가 확장되는 가운데 공동체의 규정력이 희박해지고 개인들의 차이가 극대화되고 있다는 뜻으로 이해될 수도 있지만 그런 얘기는 전혀 아니다. 그러한 개인화 테제가 그리는 시나리오와는 오히려 정반대에 가깝다. 개인을 강조하는 밀레니얼세대 내에서 오히려 가족 배경의 결정력이 더욱 커지고 계층 간 이질성이 강화되는 역설적인 상황이 발생하고 있다.

김영미

밀레니얼세대의 불평등은
가족 배경에서 시작된다

청년기의 기회 불평등은 그 후 인생의 기회를 결정한다는 점에서 중요한 연구 대상이다. 나는 「계층화된 젊음」[1]에서 성인으로의 이행기에 있는 80~90년대생, 즉 밀레니얼세대가 경험하고 있는 기회와 제약을 분석했다. 애초의 문제의식은 현재의 청년세대가 계층화된 사회화를 본격적으로 경험한 첫 세대라는 데서 출발했다. 지금의 밀레니얼세대는 산업 변동이 어느 정도 완결된 상태에서 다양한 직업군의 부모들에게서 태어났다. 가족 간 사회 경제적 지위와 라이프스타일의 편차가 당연시되는 사회에서 영유아기부터 계층화된 사회화를 경험한 것이다. 이들 청년층이 교육을 마치고 노동 시장에서의 첫 단추와 가족 형성의 첫 단추를 꿰는 과정에서 가족 배경은 어떤 영향을 미치고 있을까 하는 궁금증을 가지고 연구를 시작했다.

분석 결과 놀라울 정도로 일관되게 청년층에서 가

---

[1] 김영미, 「계층화된 젊음: 일, 가족 형성에서 나타나는 청년기 기회 불평등」,《사회과학논집》제47권 제2호(2016).

족 배경의 영향력이 대학 진학, 취업, 소득 전반에서 다른 연령층과 비교해 두드러지게 나타나고 있었다. 부모의 사회 경제적 지위가 높은 청년들일수록 서울 소재 대학 진학률이 높았으며 대학에서의 만족도와 경험에서도 상대적 우위에 있었다. 더 흥미로웠던 것은 성별, 교육년수, 연령, 직업, 정규직인지 아닌지를 모두 고려한 후에도 가족 배경이 소득에 유의미하게 영향을 미치고 있다는 점이었다. 사회 경제적 지위가 높은 부모 밑에서 자란 청년들일수록 더 고소득의 일자리를 가지고 있었다.

객관적 조건에서 드러나는 가족 배경의 영향력은 주관적 의식과 태도의 차이로 이어진다. 불평등 인식, 기회공정성 인식, 사회이동 인식, 정치 성향, 삶의 만족도 등 주관적 인식의 다양한 측면을 통틀어 다른 어떤 연령 집단에서보다 청년층에서 가족 배경의 영향력이 강하게 나타나고 있었다. 다른 연령층과 비교해 볼 때 청년층은 기회공정성에 대한 긍정적 평가가 가장 낮은 집단이지만, 동시에 청년층 내 가족 배경에 따른 기회공정성 인식의 격차는 매우 큰 편이다. 부모의 사회 경제적 지위가 낮은 청년의 경우 한국 사회의 기

김영미

회공정성에 대해 가장 부정적으로 평가하고 있었지만, 최상층 가족 배경을 갖고 있는 청년의 경우에는 비슷한 사회 경제적 지위 상태에 있는 중년층보다 한국의 기회 공정성에 대해 더 긍정적으로 평가했다.

무엇보다 청년층에서 세대 간 사회 이동에 대한 낙관주의가 계층화되어 나타나고 있었다. 청년층에서는 가족 배경이 낮을수록 자녀의 사회적 성취에 대한 기대가 낮았다. 또한 자녀의 사회적 성취에 대한 기대가 낮을수록 결혼과 출산 의사가 뚜렷하게 낮은 경향을 보이고 있다. 한편 청년층 내에서 가족의 사회 경제적 지위에 따른 정치 성향의 차이는 어느 연령 집단보다도 뚜렷하게 일관된 방향성을 나타내고 있었다. 청년층에서는 가족의 사회 경제적 지위가 높을수록 정치적으로 보수적이었으며 증세에 대한 반감도 컸다.

삼포 세대의 계층-젠더 교차성

이처럼 일관된 패턴이 흥미롭게 비틀리는 지점은 가족 형성의 기회에서이다. 연애하고, 결혼, 출산하는 등 말 그대로 가족을 이루고 살아갈 기회 역시 부모의 사회

삼포 현상은 청년들 내에서도
계급과 젠더의
균열선을 따라 이질적으로
분포되어 있으며,
저학력, 저소득, 낮은 가족
배경의 남성들에게, 고학력,
고소득, 높은 가족 배경의
여성들에게 더 집중되어
있었다.

김영미

저학력 남성들이
결혼뿐 아니라 결혼 밖
친밀성 관계조차
만들어 가지 못하고
고학력 여성들이
결혼을 보이콧하고 있는
독특한 젠더 비대칭성이다.

경제적 지위에 영향받는데, 그 영향력의 방향은 성별에 따라 정반대였다.

청년세대의 특성을 포착한 여러 신조어들 중 가장 반향이 컸던 단어는 아마도 삼포 세대일 것이다. 연애, 결혼, 출산을 포기한다는 뜻의 '삼포'는 무자비하게 증가한 경제적 불평등 때문에 청년들이 사랑, 애정, 열정, 헌신, 신뢰, 인정과 같은 인간 상호작용의 긍정적 정동을 자발적으로 포기할 수밖에 없는 상황이라는 호소를 담고 있다. 서글픈 만큼 반향이 컸다. 그러나 삼포 세대가 경제적 불평등에 직면해 결혼 지연, 비혼, 출산 지연 등 인구 행동적으로 대응한다고 해석한다면, 그것은 현실과 다르다.

삼포 현상은 청년들 내에서도 계급과 젠더의 균열선을 따라 이질적으로 분포되어 있다. 저학력, 저소득, 낮은 가족 배경의 남성들에게, 고학력, 고소득, 높은 가족 배경의 여성들에게 연애, 결혼, 출산 포기가 더 집중되어 있다. 저학력 남성들이 결혼뿐 아니라 결혼 밖 친밀성 관계조차 만들어 가지 못하는 한편, 고학력 여성들이 결혼을 보이콧하고 있다는 독특한 젠더 비대칭성이 확인되는 것이다. 이러한 연구 결과는 남성-생

김영미

계부양자, 여성-양육자라는 성 고정 관념에서 벗어난 집단(즉 남성의 경우 1인 남성부양자의 역할에서, 여성의 경우 전업 양육자의 역할에서 벗어난 집단)들이 친밀한 관계의 대상자를 찾는데 어려움을 겪고 있는 생계 부양자 모델 전환기 사회의 특성을 보여 준다. 동시에 여전히 강고한 낡은 젠더 체제가 누구의 기회를 어떤 방식으로 제약하는지가 드러난다.

능력주의의 역설

오늘날 청년층에서 가족 배경과 성별 간의 격차와 이질성이 강화되고 있다는 분석 결과는 능력주의라는 이념에 의문을 제기한다. 한쪽에 공교육 확산이라는 바퀴를, 다른 쪽에 경쟁을 통한 선발이라는 바퀴를 달고 있는 능력주의(meritocracy)라는 전차는 개인을 귀속적 지위의 족쇄에서 해방시켜 줄 것이라고 예언되었다. 그러나 오늘날 능력주의를 전제하는 근대화론과 그 변종 담론들은 근본적으로 의심되고 있다. 요컨대 개인의 능력과 '노력'만이 공정한 대가를 얻을 수 있다는 믿음이 흔들리고 있다.

그렇다고 쉽게 '헬조선'이라는 자기 비하에 빠질 일은 아니다. 불평등이 증가하면서 귀속적 불평등이 증가하고 세대 간 지위 세습이 강화되는 현상은 비단 한국 사회만 경험하고 있는 것이 아니기 때문이다.

2012년 미국 대통령 경제 자문관이었던 경제학자 앨런 크루거가 미의회 보고서에서 발표한 국가 간 비교 연구 결과에 따르면, 불평등 지수가 높은 국가일수록 세대 간 사회 이동성 지수가 뚜렷하게 낮았다. '위대한 개츠비' 곡선이라고 이름 붙여진 이 현상은 불평등이 사회 이동성을 떨어뜨리는 이유에 대한 다양한 연구들을 촉발시켰다. 이제 우리는 부모 세대에서의 불평등이 자녀 세대에서의 기회 불평등을 대단히 다양한 방식으로 증폭시킨다는 것을 알게 됐다. 불평등은 개인들의 타고난 능력 차이에 따른 경제적 결과를 증폭시켜 약간의 지능 차이가 고액의 연봉 차이로 귀결되게 만든다. 불평등은 부모들의 교육 투자에 대한 인센티브 구조를 변화시켜 자녀의 계층 하강 위험에 극도로 민감해진 중간 계급 부모들의 교육 기회 사재기를 부추긴다.(리처드 리브스, 『20대 80의 사회』) 또한 불평등은 파워 집단이 자녀의 재능과 상관없이 성공할

김영미

수 있도록 게임의 규칙 자체를 바꿀 수 있는 권력의 불균형 상태를 초래한다. 그러나 무엇보다도 착잡한 것은 불평등이 영유아 발달 과정에 영향을 미쳐 아이들의 인지 능력의 격차를 만들어 낸다는 점이다. 능력주의가 정당하다는 전제의 기초가 되는 능력의 자연성 그 자체가 의문시되는 것이다.

지금 세대와 불평등 담론이 이토록 부상하고 있는 이유는 능력주의의 장밋빛 전망이 더 이상 작동하지 않게 된 현실과 관련 있다. '불평등이라는 괴물에 이빨을 달아 주는 것은 상품화'(데이비드 그러스키)라는 말이 떠오른다. 교육, 건강 등 모든 서비스를 돈을 주고 시장에서 사야 한다면 자원과 구매력의 결정력은 커지게 된다. 반면 반드시 돈을 내지 않고도 혹은 아주 적은 돈을 내고도 누릴 수 있는 양질의 서비스가 많다면 불평등의 악영향은 최소화되거나 불평등 그 자체가 축소될 수 있다. '위대한 개츠비' 곡선에서 불평등이 낮고 따라서 세대 간 사회 이동성이 높은 국가들은 대부분 보편적 복지가 잘 갖춰진 북구의 국가들이었다. 불평등을 줄여 교육 경쟁에서 적절한 성과만을 거두어도 안정적이고 꽤 괜찮은 생활을 누릴 수 있다면 중상층

부모들의 계층 하강 이동에 대한 공포를 낮출 수 있으며, 자녀의 교육 투자에 올인하고 기회 사재기를 하는 행동들을 줄일 수 있다. 선순환의 실마리는 상품화에 저항하는 보편 복지를 위한 세대 간 연대에 있다.

김영미

오늘의
중국 청년들

한국외대 중국어과를 졸업하고 같은 대학교 대학원 중국학과에
서 「1989 천안문 사건의 비판적 재해석」으로 박사학위를 받았
다. 역서로 『중국, 자본주의를 바꾸다』(미지북스, 2012) 등이 있
으며, 중국의 체제 이행과 대중운동 등에 관심을 갖고 연구하고
있다. 현재 서울시립대 중국어문화학과 교수로 있다.

[주요어] #중국청년세대 #신노동자 #농민공

[분류] 중국학 > 중국정치경제

"청년들아, 나를 딛고 올라라."

루쉰은 당시 그의 표현을 빌려 "사람들이 살아가기가 정말 고통스러운 시대"에 고투하고 있던 중국의 젊은이들을 향해 자신이 청년세대를 위한 사다리가 되겠다고 했다. 그는 때로는 젊은 세대의 나태함을 꾸짖다가도 중국의 청년들을 향해 절절한 사랑을 보내며, 온전히 "아이들을 구하는" 것에 삶을 바쳤다.

그로부터 한 세기가 지난 지금의 중국에도 루쉰과 같은 기성세대가 존재할까? 한국을 비롯해 전 세계적으로 기성세대가 자원을 차지한 상황에서 젊은 세대들에게 많은 어려움이 가중되고 있다는 분석들이 많다. 과연 중국은 어떠한가? 여전히 헌법상으로는 자신의 체제를 '사회주의'라고 호명하는 중국에도 자본주의 체제를 가진 다른 나라와 마찬가지로 세대 간 사회적 자원을 둘러싼 갈등이 존재하고 있을까? 중국은 무엇보다 문화대혁명에서 개혁개방에 이르기까지 급격한 사회적 전환을 경험했고 다른 어떤 나라보다도 압축적인 근대화의 과정을 거쳐 왔기 때문에 세대별로 그 정체성이 확연하게 구분된다. 이 가운데 새롭게 형성되고 있는 중국의 젊은 세대는 과연 어떤 처지에서 어떤 생각들을 하며 살아가고 있을까?

중국의 기성세대: 라오싼제와 신싼제

중국의 기성세대는 주로 청년기에 문화대혁명을 경험했던 세대로 보통 라오싼제(老三届)와 신싼제(新三届) 세대로 호명된다. 라오싼제 세대는 문화대혁명의 절정기였던 1966년에서 1968년이라는 3년 사이에 중·고등학교를 다녔던 세대를 지칭하며, 신싼제 세대는 문화대혁명이 종결된 후, 그동안 문을 닫았던 대학이 부활하면서 1977년부터 1979년까지 3년간 입시(高考)를 치르고 대학에 입학하게 된 세대를 일컫는다. 이들은 주로 문화대혁명 기간 동안 홍위병으로 활동했으며, 그 이후에는 지식청년(知靑)이라 불리며 농촌으로 하방(下放)되어 기층에서 농민들과 함께 노동하고 생활했다.

보통 홍위병들은 청소년 시절부터 자신의 주체적인 입장이 없이 마오쩌둥이라는 강력한 독재자에게 전적으로 동원되어 비이성적인 행동을 한 것으로 알려져 있지만, 그 이면을 들여다보면 전적으로 그렇지는 않다. 이들은 권력 상층부와 밀접하게 연관된 보수파(保皇派)와 보다 혁명적인 열정과 급진적인 전망을 가지고 활동했던 조반파(造反派)로 갈라져 대립하기도 했으며, 심지어 이런저런 활동에 적극적으로 참여하지 않고 자신들의 일상에 침잠했던 소요파(逍遙派)들도 있었다. 그렇기에 이들은 수동적으로 동원된 존재들이 아니라 중국이라는 사회주의 국가가 향후 나아가야할 방향에 대하여 어린 시절부터 적극적으로 논쟁을 벌이며 정치 활동에 나선 세대로도 볼 수도 있다.[1]

[1] 문화대혁명에 대한 기존의 단선적인 이해를 넘어 그 복잡성과 의미를 조명하는 문헌으로는 백승욱, 『문화대혁명: 중국 현대사의 트라우마』

한편 이들은 격렬한 정치활동이 한차례 지나간 뒤 농촌에서 기층 인민들과 함께 고투하면서 중국의 낙후한 현실과 민생의 어려움에 대해 누구보다 뼈저리게 깨달은 세대이기도 했다. 이 지식청년들은 비록 당시에 정규 교육을 제대로 받지 못했지만, 현실 중국이라는 땅에 발을 내리고 이데올로기적인 탁상공론과 쟁투에서 벗어나 중국의 미래에 대해서 고민하기 시작했다.[2] 그렇기에 이들 세대는 이후 중국의 개혁개방을 주도하여 그 경제 발전을 이끌어낸 주축 세대이기도 하며, 현재 정치, 문화, 경제계 등 중국의 각 방면에서 큰 지위를 차지하고 있다.

중국의 청년세대: 80허우, 90허우, 00허우

개혁개방 이후 출현한 세대는 보통 출생년도를 기준으로 10년 단위로 끊어서 1980년대 출생자들을 80허우

(살림, 2007) 참조.
[2] 첸리췬(錢理群), 연광석 옮김, 『모택동 시대와 포스트 모택동 시대 1949~2009』 하권(한울아카데미, 2012), 166~169쪽.

(80後), 1990년대 출생자들을 90허우(90後), 2000년대 출생자들을 00허우(00後) 세대로 부른다. 이들은 현재 중국의 청년세대를 이룬다고 볼 수 있는데, 개혁개방 직후인 1979년부터 실행된 국가의 계획생육(計劃生育), 즉 일가구 일자녀 정책으로 인해 대부분 외동으로 태어나 형제자매 없이 성장했다는 공통의 경험을 가지고 있다. 그리고 1990년대에서 2000년대에 이르기까지 중국이 경제적으로 급격하게 성장하던 시기에 비교적 풍요로운 청소년기와 청년기를 보내게 되어 기존 세대와는 달리 시장경제와 소비문화에도 익숙하게 자라난 세대이다.

이들 세대는 10년 단위로 조금씩 차이가 있음에도 불구하고 이데올로기적 통제에서 벗어나 보다 다양한 문화적 체험을 한 세대이기도 하다. 비록 정치적인 검열은 존재하지만 비교적 개방적인 분위기 속에서 대중매체와 인터넷, SNS 등을 능숙하게 활용하기도 하고, 해외의 대중문화도 적극적으로 수용하는 세대이기도 하다. 그렇기에 이들은 개성이 강하고 다양한 문화적 소양을 가지고 있으며, 탈권위적이라고 평가받기도 하지만, 때때로 소비에 탐닉하고 서구화되어 개인주의에 빠져있으며, 큰 어려움을 겪지 않아 자립심이 약하다는 비판을 받기도 한다.

또 한편 개혁개방 이후 자본주의의 대대적인 수용과 사회주의 이데올로기의 퇴조 속에서 서구의 다원주의적 문화에 친숙한 중국의 젊은 세대가 기존의 권위주의적 체제를 거부하고 새로운 민주화 흐름의 주체가 될 수 있는지에 대한 질문도 계속되고 있다. 하지만 중국의 청년세대가 대체로 공유하고 있는 이데올로기는 자유주의나 민주주의가 아니라 민족주의와 애국주의의 정서이다. 그 이유로는 1989년 천안문 사건 이후 중국에서 애국주의 교육이 대폭 강화되었다는 측면도 고려할 수 있지만, 무엇보다 비약적으로 발전한 조국에 대하여, 그리고 짧은 시간 동안 중국을 강대국으로 만들어낸 체제에 대하여 중국 젊은이들이 자신감과 자부심을 가지고 있다는 부분도 중요하다. 물론 이들도 현재 중국의 여러 사회 문제에 대하여 많은 불만을 가지고 있지만, 그 문제의 개별적이고 구체적인 해결보다도 거시적 차원에서 체제의 안정 유지 속에서 자신들의 삶을 개선해 나가는 데 더 큰 관심을 가지고 있는 것이 사실이다. 소설가 위화(余華)는 한 해외 매체에 기

하남석

고한 칼럼에서 이런 역설적인 상황을 풍자했다.

마오쩌둥 시기 중국엔 계급이 없었지만, 지도자들은 '계급투쟁을 잊지 말자'고 강조했었고 심지어 베개에 이르기까지 곳곳에 이 구호를 써놓아 꿈에서도 나올 정도였다. 그런데 정작 개혁개방 이후 계급과 빈부 격차가 다시 생겨나고 모순이 심화되자 이 구호는 온데간데없이 사라지고 '조화로운 사회'와 '안정우선'으로 대체되었다.[3]

청년 세대의 새로운 분할선: 도농 격차와 계급 격차

라오싼제 등 기성세대인 문혁 세대가 문화대혁명이라는 국가의 정치적 동원에서 어려움을 겪었다면, 이들 80허우와 90허우 등 개혁개방 이후 세대는 시장에서의 무한 경쟁이라고 하는 다른 종류의 문제에 직면해 있기도 하다. 또 다른 측면에서 문혁 세대가 비교적 동

[3] Yu Hua, "China's Struggle to Forget", *The New York Times* March 16, 2014.

아주 소수에 불과하지만,
농촌 출신의
젊은 노동자들과
도시의 대학생들의
노학연대가 이뤄지기
시작했다.

하남석

문화대혁명 시기
지식청년들의 꿈은
한 세대를 건너 뛰어
중국의 신시대(新時代)에서
새로운 노학연대로
꽃피울 수 있을까?

질적인 경제적, 문화적 조건 속에서 비슷한 역사적 경험을 한 반면에, 개혁개방 이후의 세대들은 그 이후 분화한 경제적, 지역적 조건 속에서 다양한 계층적 기반으로 나뉘기에 하나의 동질적인 집단으로 구분하기 어렵다는 측면이 존재하기도 한다. 개혁개방을 시작한 지도 40년이라는 긴 시간이 지나기 시작하면서 개혁개방 초기부터 기회를 잡아 부를 축적한 기성세대의 자녀들은 그 과실을 누리지만, 여전히 그 혜택을 보지 못한 계층은 그 가난을 대물림해야 하는 처지에 있으며, 그 빈부 격차가 워낙 크기에 사람들의 불만도 쌓여가는 중이다. 그렇기에 요즘 중국에서는 한국에서의 '금수저, 흙수저' 논의와 비슷하게도 "관직도 세습되고, 부도 세습되고, 가난도 세습된다.(官二代, 富二代, 貧二代.)"라는 자조적인 말까지 유행하고 있다.

특히 다른 나라와는 달리 중국의 청년세대를 가르는 새로운 분할선은 두 가지가 교차하며 그어진다. 하나는 중국에 고유한 도시와 농촌을 가르는 호구제도이고, 또 다른 하나는 개혁개방 이후 생겨난 자본 대 노동이라는 계급적 구분이다. 이 가운데 처해 있는 세대가 바로 중국의 신세대 농민공들이다. 이들은 개혁개

하남석

방 이후 경제적 성공의 수혜를 입은 부유한 청년세대와는 달리 중국 사회에서 가장 변두리에 처해 있는 집단이다. 신세대 농민공들은 농촌 호구를 가지고 있기에 도시에서 제도적으로 기본적인 사회 보장을 누릴 수 없는 데다가, 농민의 정체성보다는 노동자의 정체성을 가지고 있기에 기존의 장년 세대 농민공들처럼 고향으로 돌아가 농사지으려 하지도 않는다. 그래서 이들 가운데 일부는 자신들을 이중적인 신분 정체성을 지닌 '농민공'이라고 표현하기를 거부하고 '신노동자(新工人)'라고 호명하며 자신들의 새로운 정체성을 드러내고 중국 사회에서 새로운 사회적 지위를 요구하기 시작했다.[4]

소비의 주체와 저항의 주체 사이에서

중국의 주요 매체에서 체제를 향한 신세대 농민공들의 권리 요구는 거의 드러나지 않으며, 중국의 청년세대

[4] 중국의 신세대 농민공들에 대하여 농민공이라는 호명 대신 신노동자라고 불러야 한다는 주장에 대해서는 뤼투(呂途), 정규식 외 옮김, 『중국 신노동자의 형성』(나름북스, 2017) 참조.

는 주로 소비의 주체로만 호명된다. 이들은 매달 월급을 전부 소비한다는 월광족(月光族)이라고 불리기도 하고, 알리바바(阿里巴巴)와 징둥(京東) 등 중국의 온라인 기업을 몇 년 사이에 세계 최대의 온라인 쇼핑 플랫폼으로 만든 주역으로 평가받는다. 80허우 세대의 대표적인 아이콘이자 4000만 명이 넘는 팔로워를 보유한 한한(韓寒)은 자신의 블로그에서 다음과 같이 얘기한 적이 있다.

> 우리 앞 세대가 늘 혁명을 위해 일한 탓에, 사람들은 우리 세대가 아무런 이상을 품지 않는다고 줄기차게 주장한다. 하지만 때로 게임에서 이기고 싶다거나, 스니커즈를 한 켤레 사고 싶다면, 그런 마음이 모두 이상이다. 이런 이상들에는 차이가 없다.[5]

하지만 본인들을 소비 혁명의 주역으로 간주하는 중국의 새로운 젊은 부유층들과는 달리 신세대 농민공들은 현재 자신의 삶에 대해 상반된 얘기를 꺼낸다.

[5] 예룬 더클롯·앤소니 펑, 김정아 옮김, 『차이나·유스 컬처』(시그마북스, 2017) 22쪽에서 재인용.

하남석

"현재의 삶에 대해 더 이상 아무런 기대도, 이상도 없다. 이전에는 하고 싶은 일도 있었고 희망도 있었지만 이제는 전혀 그렇지 않다."[6]

"나는 이 도시에 와서 타락했다. 처음에 이 도시에 왔을 때 난 거지들을 만나면 돈을 주었다. 이제는 그렇지 않다. 이 콘크리트 정글은 내 심장을 강철로 만들어버리고 말았다. 난 계속해서 타락하고 있다. 이 중압감이 어디서 오는지 모르겠다. 때때로 난 정말 울고 싶다."[7]

물론 이 신세대 농민공들이 위와 같은 증언처럼 절망 속에만 빠져 있지는 않다. 이들은 자신들에 대한 처참한 대우에 저항하여 자신들의 권리를 찾기 위해 조금씩 행동에 나서기 시작했으며, 스스로를 사회주의 국가로 규정하고 마르크스주의의 진정한 계승자라고

[6] 홍명교, 「중국 노동자 계급의 상태: 현 시기 중국 노동자 운동의 조건과 전망」, 《진보평론》 제81호, 174쪽에서 재인용.
[7] ChinaFile, 「Chinese Dreamers」 (https://youtu.be/FKaYCsEU5vU) 다큐멘터리에서 한 농민공의 발언.

주장하는 중국의 국가정체성을 의심하고 다시 질문하는 중이다. 대표적으로 최근 자스커지(佳士科技, Jasic) 사건에서 볼 수 있듯이 신세대 농민공들은 비인간적인 대우에 저항하여 노조를 설립하려 했으나 해당 기업과 당국의 강력한 탄압에 맞서야 했다. 이 소식이 알려지기 시작하자 놀랍게도 중국 여러 대학의 마르크스주의 동아리 학생들이 연대 활동에 나섰다. 현재는 안타깝게도 당국에 의해 1년 가까이 관련자들이 전부 구속 상태에 있지만, '왜 사회주의 국가가 노동자들을 탄압하느냐'라는 질문은 중국 안팎에서 이어지는 중이다. 비록 중국 전체로 볼 때에는 아주 소수에 불과하지만, 농촌 출신의 젊은 노동자들과 도시의 대학생들의 노학연대가 이루어지기 시작한 것이다. 문화대혁명 시기 지식청년들의 꿈은 한 세대를 건너 뛰어 중국의 신시대(新時代)에서 새로운 노학연대로 꽃피울 수 있을까? 여전히 깊은 절망 속에 있지만 중국이라는 철로 된 방에서 몇 사람이 깨어나기 시작했으며, 진정한 중국몽(中國夢)이란 무엇인가에 대한 중국 신세대들의 질문이 시작되었다.

하남석

밀레니얼은
다 똑같아?

인구학자. 서울대학교 보건대학원 인구학 교수. 고려대학교 사회학과를 졸업, 미국 텍사스 대학교에서 사회학 석사, 인구학 박사학위를 취득했다. 2015년 베트남 인구및가족계획국에 정책전문가로 초청돼 1년간 거주하며 베트남이 인구정책 방향을 새롭게설정하는 작업을 도왔고, 인구정책자문으로 활동을 지속하고 있다. 전 세계 주요 국가들의 인구 변동 특성을 통해 미래 사회 및시장 변화를 예측하는 연구를 수행하고, 아울러 국내 기초 및 광역 지방정부가 인구 현안을 극복하고 미래를 준비하는 데 필요한 정책을 만들고 있다. 기업 및 대중에게 인구학적 관점의 중요성을 알리기 위해『정해진 미래』,『아이가 사라지는 세상』(공저),『2020~2040 베트남의 정해진 미래』(공저) 등을 집필했다.

조영태

[주요어] #베트남청년세대 #밀레니얼세대 #인구피라미드
[분류] 인구학 > 한국과 베트남의 사례 분석

최근 밀레니얼세대에 대한 관심이 뜨겁다. 언론은 물론이고 서점가에도 밀레니얼세대를 알아야 한다는 책들이 즐비하다. 얼마 전 대통령이 청와대 직원들에게 임홍택 작가의 『90년생이 온다』를 선물했다는 보도가 나오면서 90년대생, 즉 밀레니얼세대에 대한 관심은 그야말로 최고조에 이른 듯하다. 밀레니얼세대가 누구인지에 대한 명확한 규정은 아직 없다. 혹자는 80년대 태어난 사람들부터 밀레니얼세대로 규정하기도 하지만 2020년 현재 약 30세 언저리에 있는 연령대라 보면 무난할 것이다.

사실 대중적 관심과는 별개로, 현재 시장에서 밀레니얼세대가 갖고 있는 영향력은 그다지 크지 않다.

아직 독립적인 소득을 갖지 못한 사람이 많은 연령대이기도 하고, 갖고 있더라도 이제 갓 사회생활을 시작했기 때문에 소득이 많지 않다. 밀레니얼세대의 시장 영향력, 즉 소비력은 본인들보다는 아직까지 그 부모에 의해 결정된다고 보는 편이 옳을 것이다. 그런데 왜 밀레니얼세대를 알아야 할까? 특별히 대통령까지 나서서 이들에 대해 알아야 한다는데 그 이유는 무엇일까? 그리고 과연 밀레니얼세대는 다른 세대와 질적으로 다를까?

한국의 밀레니얼세대: '386세대'의 자녀들

인구학이란 사람들이 태어나고, 이동하고, 사망하는 현상을 연구하는 학문으로, 이 인구 변화를 촉발하는 요소들을 잘 이해하면 앞으로 변화될 사회가 언제 어떤 모습으로 바뀔지 예측이 가능하다. 인구학적으로 볼 때 한국의 밀레니얼세대는 우리가 흔히 말하는 '386세대'들의 자녀들이다. 그런데 한국 밀레니얼세대는 인구의 크기도 그다지 크지 않다. 이들의 부모 세대

조영태

들인 386세대는 현재 한 연령대에 약 80~90만 명씩, 그보다 아랫세대라 할 수 있는 X세대는 약 70~80만 명씩 국내에 거주하고 있다. 밀레니얼세대는 한 연령 대에 60~70만 명에 불과하다.

이러한 인구의 특징으로만 보면 밀레니얼세대에 대한 우리 사회의 관심은 과할 정도로 지나치다는 생 각이 들지 않을 수 없다. 혹시 밀레니얼세대가 특별하 다는 말은 그냥 시장에서 만들어 낸 상술에 불과한 것 이 아닐까? 30세 즈음에는 이른바 '좀 톡톡 튀는' 것이 일반적인데, 이전 세대들보다 지금의 30세는 인구의 수도 경제력도 약하니 사회적 관심을 좀 상기시키기 위해 '특별하다'는 이미지를 만든 것은 아닐까? 그러나 밀레니얼세대의 특별함은 내재된 특성이 아니라 다른 점에 있을지도 모른다.

── 자극에 즉각 반응한다.
── 네트워크로 연결된 소비자이며, 한 브랜드에 충 성하기보다는 필요에 따라 다양한 브랜드를 동 시에 소비한다.
── 개성이 강한 나만의 아이템을 즐긴다.

── 건강과 미용에 관심이 많다.

── 환경문제도 큰 고려 사항이다.

── 교육 수준이 높다.

── 욜로(YOLO) 소비가 일상화되어 있다.

── 회사에 고용되어 성장하는 것보다 작아도 내 스 스로 경영하는 것이 더 좋다.

어떤 세대의 특징 같은가? 당연히 밀레니얼세대의 특징이고, 이 답에 아무도 이견이 없을 것이다. 그럼 다른 질문을 하나 해 보자. 여기 열거된 특징들은 그렇다면 어느 나라 밀레니얼세대의 특징들일까? 아마도 많은 독자들은 이 질문이 매우 엉뚱하다고 느낄 것이다. 당연히 우리가 잘 알고 있는 우리나라 밀레니얼세대들의 특징이 분명한데, 어느 나라 밀레니얼인지를 물어보니 좀 황당하지 않은가? 맞다. 위에 열거된 모든 특성은 한국 밀레니얼세대의 독특한 특성들임에 틀림없다. 그런데 놀랍게도 이는 내가 '베트남의 밀레니얼세대'를 다룬 베트남 언론 기사를 발췌한 것이다. 그냥 봐서는 한국의 밀레니얼세대의 특징들 같은데, 모두 베트남 밀레니얼세대의 특징들이라니! 바로 이 점이 밀레니얼세대가 이전 세대들과는 질적으로 다른 이유다. 한국의 밀레니얼세대가 딱 이렇고, 미국의 밀레니얼세대도 다르지 않다고 한다, 베트남 역시 마찬가지다. 만국의 밀레니얼세대는 가치관이나 추구하는 삶의 양식이 비슷하다.

밀레니얼과 X세대의 질적 차이: "전 세계가 다 똑같다!"

1980년대 중반 이후에 태어난 사람들을 거의 대부분의 나라에서 밀레니얼세대라 칭하고 있다. 밀레니얼세대 이전, 전 세계적으로 통용되었던 세대 구분은 바로 X세대인데, 이 역시 명확한 규정이 있는 것은 아니지만 통상 1970년대부터 1980년대 중반까지 태어난 사람들을 지칭한다. X는 '독특하긴 한데 뭐라고 규정할지 애매하다.'는 의미로 캐나다의 작가 더글러스 쿠플랜드가 만든 단어다. X세대의 출현은 세계적인 현상이었으나, 개인차와 국가, 문화권의 차이가 매우 크다. 밀레니얼세대는 우리나라건 베트남이건 매우 유사한 특성들을 공유하지만, X세대는 이전 세대와 다르다는 점 외에는 다른 나라의 X세대와 공유하는 것이 적다.

예를 들어 청소년기까지 강력한 동서 냉전 시대에 살았던 한국의 X세대는 학교에서도 가정에서도 반공 교육이 일상이었다. 중고등학교에서 배웠던 제1외국어는 당연히 영어고, 주말의 명화로 미국 영화를 섭렵했으며, 유럽 여행이라면 프랑스와 영국 등 서유럽에 가는 것이었다. 지금 40대가 된 한국의 X세대는 대부분 청소년 자녀를 두고 있다. 반면 베트남의 X세대는 어떨까? 역시 냉전 시대에 유소년기를 보낸 이들은 미국인은 모두 악한(惡漢)이라 배웠다. 제1외국어는 당연히 러시아어였고, 소련 등 공산권 유럽 영화를 주로 봤으며, 유럽 여행을 간다고 하면 헝가리, 폴란드 등 동유럽을 떠올렸다. 한국보다 혼인 연령이 빠르기 때문에 많은 베트남 X세대는 수년이 지나지 않아 손자녀를 볼 수 있을 것이다.

밀레니얼세대는 X세대와는 크게 다르다. 위에서 언급한 바와 같이 밀레니얼세대는 전 세계적으로 비슷한 가치관과 경험을 공유한다. 이는 시장에서 매우 중요한 지점이 된다. 한국의 밀레니얼세대에게 유행하는 것은 거의 동시에 베트남의 밀레니얼세대, 그리고

　　　　　　　조영태

전 세계 밀레니얼세대에게도 유행할 가능성이 매우 크다는 점을 의미한다. 비록 우리나라의 밀레니얼세대가 시장의 규모가 작을지 몰라도 이들을 통하면 베트남은 물론이고 전 세계 시장에 접근할 수 있다. 비록 인구는 적을지라도 절대 간과할 수 없는 세대인 것이다.

한국의 밀레니얼은 다른 세대와 무엇이 다른가?

잠시 한국의 과거로 되돌아가 보자. 1988년 서울올림픽이 열리던 해, 386세대와도 겹치는 이 베이비붐 세대의 대표 격인 1958년생 개띠가 서른 살이 되었다.[1] 당시 우리나라의 인구피라미드는 말 그대로 피라미드 형태였고 전체 평균 연령은 28.7세에 불과했다. 대학 진학률은 30퍼센트도 채 되지 않았다. 만약 내가 58년 개띠라면, 당시 나보다 나이가 많은 모든 연령대의 인구가 우리 세대보다 수도 적고 교육 수준도 낮았다. 또한 인구의 절반인 여성들은 사회 진출을 별로 하지 않

[1] 세대별 인구 구조에 따라 나타나는 한국의 세대 간 경쟁 구도에 대해서는 조영태, 『정해진 미래』(북스톤, 2016) 3장을 참고.

똑같이 고등 교육을 받아
영어도 잘하고
제2외국어도 잘하고
같은 경험, 같은 가치관을
공유한다 해도
한국의 밀레니얼세대가
처한 현실은 베트남
밀레니얼세대와 매우 다르다.

조영태

이러한 차이는
각자의 심상 역시
다른 모양으로 만든다.

왔으니 1988년 서른 살 58년 개띠 남성의 앞날은 그야
말로 '창창'했다. 굳이 명문대가 아니더라도 졸업만 한
다면 어느 정도 성공은 보장되었고, 서로 밀어 주고 끌
어 주며 좋은 게 좋은 것이라는 가치관이 형성되었다.

2019년 서른 살이 된 1989년생의 나는 완전히 다
른 세상을 살고 있다. 현재 우리나라의 인구피라미드
는 위로 치우친 다이아몬드 형태다. 전체 평균 연령
은 42.2세이며, 남녀가 모두 사회 활동을 한다. 바로
위에 있는 X세대에 비해 밀레니얼은 인구의 수가 작
다. 내가 졸업하고 사회에 나가려고 할 때 나의 앞에는
나보다 더 많은 인구로 X세대가 떡하니 버티고 있다.
1989년생의 대학진학률은 84퍼센트에 육박했다. 누
구나 대학을 가기 때문에 대졸자가 갈 수 있는 직장에
는 지원자가 넘쳐난다. 나는 어쩔 수 없이 더 나은 스
펙을 쌓아야만 한다. 부모님 말대로 나는 공부를 열심
히 하며 살아왔는데 대학을 가도 대학을 졸업해도 내
인생은 언제나 동년배와의 경쟁뿐만 아니라 바로 윗
세대들과도 경쟁해야 한다. 2019년 서른 살 1989년생
의 앞날은 여전히 '깜깜'하다.

조영태

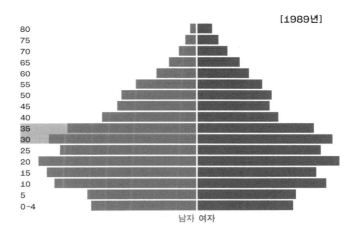

[1989년]

남자 여자

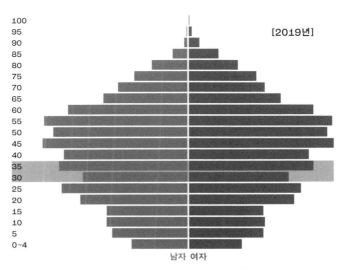

[2019년]

남자 여자

[도표 1] 1989, 2019년 한국의 인구 피라미드 (출처: 통계청)

그런데 정말 밀레니얼세대는 다 똑같아?: 베트남의 경우[2]

밀레니얼세대는 나라를 떠나 매우 유사한 가치관을 공유한다고 했다. 한국의 20~30대가 베트남에서 친구를 사귀어도 통하는 바가 많다. K-pop과 한국 연예인들이 이어 주는 공통 관심사도 있을뿐더러 추구하는 스타일도 유사하다. 선진적인 교육 시스템 아래 성장했기에 기성세대보다 사고방식이 개방적이고 미래에 대한 목표도 뚜렷하다. IT 기술을 많이 접했고 빨리 적응할 수 있다는 공통점도 있다. 현재를 중시하는 가치관도 다를 바 없다.

그렇지만 사회 상황이 다르고 인구 구조가 다르기 때문에, 베트남과 한국의 밀레니얼세대 사이에도 차이점이 있다. 우선 2019년 베트남의 인구 구조를 살펴보면, 우리나라가 1980년대에 그랬듯이 피라미드형 모양을 하고 있고 전체 평균 연령은 31.8세다. 베트남 밀레니얼세대라 할 수 있는 25~43세 연령대는 모든 인

[2] 베트남의 인구 구조와 사회적 특성에 관한 더욱 자세한 논의는 조영태 외,『2020~2040 베트남의 정해진 미래』(북스톤, 2019)를 참고.

구 중 가장 크고, 남녀 모두 비슷한 비율로 사회 진출하여 일을 하고 있으며, 대학 졸업자는 20퍼센트 남짓이다. 아직 베트남은 고졸과 대졸 임금 간 차이가 그다지 크지 않지만, 지금도 수요에 비해 공급이 태부족인 고학력자의 임금은 점점 더 치솟을 것이다. 이들의 윗세대는 규모도 작고 대학을 졸업한 고학력자는 더 적다. 베트남에는 밀레니얼세대의 성공가도를 가로막을 기득권 세력이 없다는 뜻이다. 똑같이 고등 교육을 받아 영어도 잘하고 제2외국어도 잘하고 같은 경험, 같은 가치관을 공유한다 해도, 한국의 밀레니얼세대가 처한 현실은 베트남 밀레니얼세대와 매우 다르다.

이러한 차이는 각자의 심상 역시 다른 모양으로 만든다. 베트남의 밀레니얼세대는 앞으로 베트남의 발전이 가져다주는 기회와 부를 부지런히 자기 것으로 흡수해 갈 것이다. 사회적으로 주어진 기회가 많으니 과거 우리나라의 1980년대 젊은이들의 그랬듯이 베트남 밀레니얼세대들도 열심히 일한다. 한국의 밀레니얼세대처럼 무한 경쟁에 지쳐 '퇴사'가 소원이 되는 것과는 다르다. 오히려 베트남의 기성세대가 가정에 헌신하는 편이었다면, 밀레니얼세대들은 사회적으로 인정

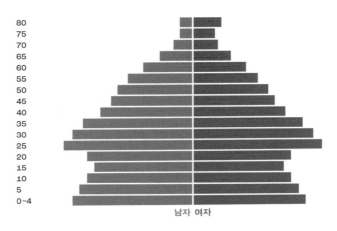

[도표 2] 2017~2018년 베트남의 인구 피라미드
(출처: 조영태 외,『2020~2040 베트남의 정해진 미래』(북스톤, 2019))

받기 위해 일을 더 중시하는 경향이 나타난다. 성공하려는 열망이 큰 이들에게 '워라밸(일과 삶의 균형)'은 적합한 가치관이 아니다.

밀레니얼세대가 본격적으로 사회에 진출한다면

지금까지 살펴 본 것처럼 밀레니얼세대는 다른 어떤 세대와 공유되지 않는 독특한 특성을 지니고 있다. 전 세계와 실시간으로 언제나 소통하고 있기 때문에 다른 나라의 밀레니얼들과 유사한 사고방식과 생활양식을 가지고 있다는 점은 밀레니얼세대가 시장에서 얼마나 중요한 인구 집단인지를 시사한다.

다만 각 나라 및 문화마다 태생적으로 갖고 있는 서로 다른 인구학적 특성과 현실은 각국의 밀레니얼세대가 윗세대들과 어떻게, 얼마나, 그리고 왜 다른지를 설명할 수 있을뿐더러 밀레니얼세대끼리도 가치관의 차이가 있다는 것을 보여 준다. 새로운 2020년대, 밀레니얼세대는 이제 더 이상 젊지만은 않은, 사회의 중추 역할을 할 40대로 진입한다. 전 세계의 밀레니얼들이 어떻게 새로운 미래와 어우러질지 지켜보자.

세대,
기억의 공동체

이화여자대학교 사학과와 같은 대학원을 졸업하고 독일 튀빙겐
대학교에서 박사학위를 받았다. 독일 환경사, 세대사, 역사교육
을 주로 연구했으며, 최근에는 독일의 숲 담론과 산림정책을 통
해 독일사를 조명하려는 계획을 갖고 있다. 저서로『독일사 깊이
읽기』(2017)가 있으며 공저로『세계는 역사를 어떻게 교육하는
가』(2018),『서양 문화사 깊이 읽기』(2008), 역서로 피터 게이의
『부르주아 전』(2005) 등이 있다.

고유경

[주요어] #청년세대 #세대사 #기억의장소

[분류] 역사학 > 독일근대사

최근 사회학자 이철승이 출간한 『불평등의 세대』는 오래된, 그러나 지금도 여전히 우리의 현실을 지배하는 세대 이론의 문제의식을 환기시킨다. 이 책은 한때 저항의 주체였던 386세대가 오늘날 정치와 경제, 시민사회 전반에 걸쳐 기득권을 독점한 기성세대가 되었음을, 그리고 동아시아 특유의 위계 구조와 결합하여 청년 소외를 가중시키는 굴레로 작용하고 있음을 예리하게 진단한다. 저자는 현재 한국 자본주의 사회의 불평등(저자의 관점으로는 계급의 동의어다.) 구조를 세대라는 틀로 조명하면서, 386세대의 양보만이 이 불평등 구조가 낳은 위기를 해소할 수 있다고 주장한다.

　계급론과 마찬가지로 세대론 또한 사회 갈등의 증

대와 끊을 수 없는 관계에 있다. 청년 실업과 정년 연장이 동시에 거론되는 한국 사회의 상황은 이 갈등 구조에서 결정권을 지닌 세력이 누구인가를 분명히 드러낸다. '개인의 노력'이야말로 성공의 열쇠라고 외쳤던 19세기 서구 부르주아사회식 구호에 이제는 청년세대 누구도 속지 않는다. 교육 또한 이 불평등 구조를 공고하게 만드는 기성세대의 무기가 된 지 오래다. '각자도생'이라는 냉소적인 반응 또는 뜨거운 분노의 다음에 오는 것은 불평등의 기원과 구조에 대한 냉정한 인식과 비판 그리고 저항일 것이다.

역사적으로 청년세대의 저항은 사회 변동의 중요한 계기였다. 아마도 현대사에서 가장 유명한 세대일 386세대의 경험은 이를 입증하는 가장 친숙한 사례 가운데 하나이다. 반세기 전인 1968년을 전후하여 유럽과 미국을 휩쓴 청년세대의 운동은 비단 기성세대의 권위주의에 대한 도전이었을 뿐 아니라 대안 문화의 제시, 생태적 삶의 실천, 성 평등을 비롯한 인권 문제의 제기 등 일상적 차원에서 광범위하게 이루어진 진정한 의미의 혁명이었다.

민족이 '만들어진 전통'(에릭 홉스봄)을 공유하는

고유경

'상상의 공동체'(베네딕트 앤더슨)라는 정의는 잘 알려져 있다. 세대 또한 동일한 '거대 사건'을 경험하고 그것을 반추하고 변주하는 가운데 만들어진 '기억의 공동체'다. 민족과 세대는 모두 공동의 역사적 기억을 토대로 강한 결속감을 형성하고, 경우에 따라서는 공동의 적을 상정함으로써 확고한 정체성을 형성한다. 19세기 이후 민족의식이 외세로부터의 방어와 통일의 힘으로 작용했다면, 세대 의식 또한 사회 변혁의 동력으로서 위기마다 그 존재감을 입증했다.

세대에 대한 논의를 역사적으로 거슬러 올라가면 그것이 언제나 위기의식의 산물이었음이 드러난다. 386세대와 88만원 세대를 단절시킨 결정적인 요인은 경제적 파탄이었다. 나아가 전쟁, 혁명 같은 국가와 사회의 위기는 같은 경험을 공유하는 동년배 집단을 굳게 결속시키며, 다른 연령대의 집단을 타자화하고 심지어는 적대시하는 위력을 발휘한다. 이 글은 세대 이론이 등장한 역사적 계기들을 간략히 소개한 다음, 역사 분석의 범주로서 세대가 갖는 의미를 민족, 그리고 젠더와의 관계 속에서 성찰하고자 한다.

세대는 프랑스혁명에서 탄생했다

서양에서 근대 민족주의의 시발점으로 거론되는 1789년의 프랑스혁명은 동시에 세대론이 배태된 모태이기도 하다. 프랑스인들은 아예 프랑스혁명을 현대의 시작으로 보기도 한다.[1] 혁명이라는 '용광로'를 통해 오늘날의 모든 제도와 이념이 주조되어 나왔다는 맥락에서다. 프랑스혁명 이후 프랑스의 민족(국민) 정체성이 만들어진 계기들을 검토한 역사학자 피에르 노라는 『기억의 장소』에서 세대를 현대 특유의 개념으로 간주한다. 노라에 따르면 세대라는 개념은 프랑스혁명의 세 이념 가운데 하나인 '평등'에서 비롯되었다. 프랑스혁명의 초기 중심 세력인 국민의회를 탄생시킨 테니스코트의 선언(1789. 6. 20)은 아버지 세대에 대항하는 '형제들의 연대'가 낳은 첫 승리였다는 것이다. 혁명이 점차 고조되는 가운데 세대 의식 또한 뚜렷해졌다. "어떠한 세대도 미래의 세대를 자신의 법에 복종시킬 권리가 없다."라는 「지롱드 인권 선언」(1793. 5. 29) 제30조

[1] 아래의 내용은 고유경, 「세대의 역사, 그 가능성과 과제」, 《서양사론》 제93호(2007), 183~214쪽을 참조하여 다시 구성했다.

와 "모든 세대는 스스로를 위해 행동할 전적인 자유를 가진다."라고 언명한 토머스 페인의 「정부의 제1원칙」 (1794)이 그 흔적이다.[2] 과거에는 단지 계보학적, 혈통적 맥락에서 운위되었던 세대라는 용어는 이렇게 혁명이라는 위기를 만나 정치적, 사회적 개념으로 변신했다.

세대 개념은 비단 프랑스의 정치문화에 국한되지 않는다. 프랑스혁명의 메시지에 열광적으로 반응했던 낭만주의 작가들은 독일 세대론의 산파이기도 했다. 이를테면 실러는 프랑스혁명을 '역사의 위대한 진보'로 환영하면서도 자코뱅의 공포 정치를 '타락한 세대의 작품'이라고 비난했다. 실러의 벗 괴테는 자서전 『시와 진실』(1811)에서 경험의 공유가 개인의 가치관 형성에 결정적인 요소라는 세대론의 핵심 생각을 다음과 같이 압축했다.

한 시대는 그에 순응하는 사람이든 저항하는 사람이

[2] Pierre Nora, "Generation," Pierre Nora ed., Realms of Memory, vol. 1: Conflicts and Divisions(Columbia University Press, 1996), p. 501ff.

든, 개인을 인도하고 규정하고 형성한다.[3]

　　괴테의 시대 이후로 독일의 정치 상황 또한 프랑
스 못지않은 격렬한 파동을 겪었다. 19세기의 프랑스
가 제정과 왕정, 공화정을 넘나들며 혁명 이념을 전 세
계에 전파했다면, 같은 시대의 독일은 신성 로마 제국
의 종식(1806), 나폴레옹의 몰락 이후 독일 연방의 탄
생(1815), 그리고 오스트리아를 배제한 프로이센 중심
의 첫 번째 통일(1871)로 이어지는 정치적 격변의 길
을 걸었다. 비스마르크의 철혈 정책으로 잘 알려져 있
듯 이러한 과정은 여러 차례의 전쟁으로 성취되었지만,
그에 못지않게 청년세대를 중심으로 한 '아래로부터의
민족주의' 역시 중요한 자양분이었다. 이러한 맥락에
서 독일 사회학자 하인츠 부데는 세대 개념을 독일 특
유의 기억의 장소로 자리매김한다. 프랑스의 정치문화
가 공화국 이념을, 영국의 정치 문화가 계급 구조를 핵
심으로 구성되었다면, 위대한 혁명도 없었고 이렇다
할 사회적 통합의 계기도 없었던 독일에서는 세대를

[3] Johann Wolfgang von Goethe, *Werke. vol. 9: Autobiographische Schriften I* (C. H. Beck, 1998), p. 9.

사회적 논쟁의 중심 개념으로 삼았다는 것이다.

독일 역사상 최대의 위기 가운데 하나인 1차 세계 대전이 끝나자 세대를 둘러싼 학문적 논의는 꽃을 피웠다. 1차 세계 대전과 그 패배가 바이마르 공화국 (1918~1933)에 가져온 단절의 위기에 주목한 사회학자 카를 만하임은 파국적인 전쟁을 겪은 동년배 집단의 특수한 경험들을 그들의 '세대 위치'로 소급했다. 세대론의 고전인 만하임의 논문 『세대 문제』(1928)가 이 격동의 시기에 탄생한 것은 우연이 아니다. 만하임 이후 세대 연구는 세대 위치의 형성에 결정적으로 중요하다고 여겨진 감수성이 예민한 시기, 곧 청년기에 집중되었다. 20세기 독일에서 쏟아져 나온 1914년세대, 참전 세대, 45세대, 68세대, 89세대[4] 등의 세대론은 정치적 격변을 생애의 청년기에 겪은 연령집단을 중심으로 규

[4] 독일의 세대론에서 자주 등장하는 1914년세대는 1차 세계 대전이라는 거대 사건을 청년기에 경험한 세대를 가리킨다. 참전세대도 이와 비슷하지만 패전과 베르사유 조약이 가져온 좌절이라는 청년들의 심리적 트라우마에 초점을 맞춘다. 마찬가지로 45세대는 2차 세계 대전으로 이른바 '독일 0년'을 겪은 전후 세대를, 68세대는 2차 세계 대전 중이나 그 후에 태어나 나치 과거에 직접적인 책임이 없는 1968년 혁명의 중심 세대를, 89세대는 베를린 장벽의 붕괴와 통일이라는 사건을 청년기에 경험한 세대를 말한다.

정되었다. 세대론의 의미망은 독일 현대사의 화두인 과거 청산과 관련해서 더욱 풍부해졌고, 이로써 세대는 독일 역사의 기억의 장소로서 그 중요성을 더하게 된다.

독일 청년세대는 무엇을 위해 싸웠는가

급격한 사회 변동기인 근대에서 현대까지 세대는 국민 국가의 성립과 강화 그리고 위기와 결합된 민족의 형성과 밀접한 관련을 지닌다. 근대 국민 국가는 성립 과정에서 청년세대의 동력에 힘입은 바 크다. 이들은 1813년 나폴레옹에 맞서 흑색, 적색, 금색의 삼색기를 앞세우고 해방 전쟁에 자원했고, 종전 후 학생 조합 부르셴샤프트(Burschenschaft, 독일어 Bursche는 젊은이를 뜻한다.)를 결성하여 빈 체제 아래에서 자유 통일 운동을 펼쳤다. 독일이라는 단일한 정체가 모습을 드러내기 전인 19세기 초에 청년세대의 상징이었던 삼색기는 바르트부르크 축제(1818)와 함바흐 축제(1832)로 표출된 '아래로부터의 민족주의'를 대변하는 정치적 상징이 되었으며, 마침내 1848년 3월 혁명 시기에 독일을

고유경

상징하는 게르마니아 여신의 이미지와 결합했다. 이 시기에 청년이라는 기획은 국민 국가 독일에 대한 동경과 맞닿아 있었다.

국가와 민족이 안정적으로 지속될 것처럼 보일 때 청년세대는 국가의 숭배 대상으로 부상했다. 통일로 성립된 독일 제국(1871~1918) 시기에 널리 유포되었던 청년 예찬론은 청년(Jugend)을 단지 인간의 생물학적 발달 단계를 지칭하는 표현을 넘어, 진취적이고 개혁적인 가치관을 대변하는 수사로 활용했다. 순수하고 도덕적인 청년들의 자발성과 개방성, 희생정신이야말로 타락하고 낡은 독일 사회를 구원할 수 있다는 것이었다. 그런데 변혁과 전복의 아이콘으로서 청년은 기성세대에게 희망과 공포의 양가감정을 불러일으켰다. 청년은 숭배의 대상인 동시에 통제의 대상이었다. 독일 제국 시기의 가정, 학교, 정당, 교회, 군대는 온갖 수단을 동원하여 청년세대를 국가의 구성원으로 길들이고자 했다.

국민 국가 독일의 위상이 정점에 이른 시기에 세대 정체성과 민족 정체성이 불협화음을 내는 순간이 도래했다. 1896년 베를린에서 결성된 청년 단체 반더

한국의 역사 교과서에서
여전히 넓은 자리를
차지하고 있는 국가와
민족 중심의 서사는
청년세대를 비롯하여
지금까지 주변부에 위치해
왔던 여러 집단적 범주들을
통해 극복될 수 있다.

고유경

이렇게 역사를 보는 관점을
다변화하는 일은
민주 사회의 구성원을
양성하는 시민 교육의
맥락에서도 중요하다.

포겔(Wandervogel, 철새)은 독일 제국의 권위주의적 규범을 거부했고 나아가 산업화가 야기한 근대적 사회 질서에 독특한 방식으로 저항했다. 반더포겔 단원들은 가정과 학교의 압박에 저항하기 위해 마치 '철새'처럼 자연을 유랑하는 도보 여행으로 특별한 자의식을 드러냈다. 전쟁 전야인 1913년 가을 마이스너 산에서는 축제가 열렸다. 군복 같은 교복이 아닌 자연스러운 의복과 맨발 차림의 참가자들은 축제 분위기 속에서 기성세대에 대한 저항 의지를 민요와 민속춤, 연극과 게임, 횃불 행진과 캠프파이어로 나타냈다. 언뜻 보기에는 과거에 대한 향수 같았던 청년들의 행동은 사실상 빌헬름 제국에 대한 불만의 은유적 표현이었다. 그들의 목소리는 이 축제의 대의를 담은 '마이스너 선언'으로 요약된다.

독일 청년은 결정적인 전환점에 서 있다. 지금까지 공적 생활에서 배제되어 수동적 역할만을 해 왔던 청년은 이제 스스로 사고하기 시작한다. 그들은 인습의 명령을 벗어나 스스로 자신의 삶을 영위하고자 한다. 그들은 청년의 본질에 상응하는 삶, 자신의 행

고유경

동을 책임짐으로써 문화 전반에 특별한 요소로 작용하는 삶을 추구한다.[5]

1차 세계 대전 후의 혼란과 위기 상황에서 청소년기를 보낸 바이마르 공화국의 청년세대는 좌우 정치 노선 모두에서 이념적 극단으로 치달았다. 그 어떤 세대보다도 강력한 동년배 집단을 형성했으며, 자신들을 '동맹'으로 지칭했다. 여기에 대공황이라는 경제적 파국이 가세하자, 청년세대 우파는 과격한 민족주의 내지 국가주의와 결합했다. 청년세대가 나치 집권을 가능케 한 주요 지지층이었던 동시에 제3제국(1933~1945)의 효율성과 내적 안정성을 뒤흔든 주역이기도 했음은 독일 현대사에서 잘 알려진 사실이다. 1차 세계 대전의 희생자를 대변하는 '랑에마르크의 청년'[6]에 열광적인 애도를 표했던 보수적 청년들의 한

[5] Winfried Mogge/Jürgen Reulecke ed., *Hoher Meiß-ner 1913. Der Erste Freideutsche Jugendtag in Doku-menten, Deutungen und Bildern*(Wissenschaft und Politik, 1988), p. 86.
[6] 1914년 가을 플랑드르의 랑에마르크에서 장렬히 전사한 청년 의용군들을 가리킨다. '랑에마르크의 청년들'은 1920년대 이후 독일에

편에 나치 체제의 비정상성을 고발하다가 희생된 뮌헨 대학교의 백장미단이 있었다. 독일 청년세대가 자신들을 절망시킨 국가와 사회에 응답했던 상반된 방식이었다.

형제들이 소외시킨 자매들

세대 개념을 고찰할 때 민족과 함께 고려해야 할 중요한 집단 범주는 젠더다. 『프랑스혁명의 가족 로망스』에서 여성사가 린 헌트는 혁명의 세 번째 이념인 형제애(fraternité, 흔히 박애 또는 우애라고 오역된다.)의 정치적, 사회적 함의를 분석한 바 있다. 혁명은 절대주의 시대의 가부장적 왕권에 대한 '아들 세대' 즉 형제들의 도전이었다. 이 세대 간의 헤게모니 투쟁에서 '자매들-딸들'은 소외되었는데, 이는 혁명가 마라를 암살한 샤를로트 코르데나 「여성 인권 선언」(1791)을 기초한 올랭프 드 구즈처럼 공적 영역에서 적극적으로 행동

서 조국을 위한 무조건적인 희생을 미화하는 수사였다. 히틀러 스스로도 『나의 투쟁』에서 랑에마르크에서 싸웠다고 밝힘으로써 정치 선전에 활용하기도 했다.

고유경

하는 여성들에 대한 두려움 때문이었다는 것이다. 두려움의 결과는 여성의 사회적 역할을 모성으로 국한하는 것이었다. 1793년 헌법은 진정한 시민의 자격을 '가정의 아버지와 어머니'로 규정했고, 「나폴레옹 법전」은 가부장의 권한을 강화했으며, 자유와 평등의 기치를 앞세운 혁명의 나라 프랑스에서 여성 참정권은 1944년이 되어서야 인정받았다.

독일에서도 세대는 주로 시민 계급 출신의 젊은 남성들을 가리키는 말이었다. 만하임이 『세대 문제』에서 제시한 유일한 역사적 사례는 19세기 초 프로이센 청년세대로, 남성 대학생들, 농민의 아들들, 프리드리히 빌헬름 3세, 니체 등 오로지 남성만이 세대 형성의 주체로 등장한다. 이는 만하임이 살았던 시대의 젠더 관계를 반영하는 것이기도 하다. 앞에서 언급한 참전세대 또한 남성의 전쟁 경험에 주목한 표현이다. 만하임과 동시대의 작가 레마르크가 『서부전선 이상 없다』의 중심에 놓았던 것은 "전쟁으로 파멸한 세대", 곧 남성 군인들의 경험이었다.[7] 이 소설에서 여성의 주체

[7] 에리히 마리아 레마르크, 홍성광 옮김, 『서부전선 이상 없다』(열린책들, 2006), 5쪽.

적인 체험은 완전히 배제되어 있다. 작중 여성 간호사는 오로지 남성의 시선에 의해서만, 전쟁의 참상과는 동떨어진 세련되고 정갈한 이미지로 묘사된다.

남성 중심의 세대사 연구에서 여성은 거의 언제나 주변인이었다. 양차 세계 대전 사이의 세대 담론을 연구한 여성사가 크리스티나 베닝하우스는 1차 세계 대전이라는 위기 이후 청년세대 담론이 기성세대의 정치적, 사회적 영향력만이 아니라 여성의 영향력을 제한하는 전략으로 활용되었다고 주장한다. 바이마르 공화국 시기의 남성들은 여성 참정권 도입 및 교육 기회의 평등으로 변화한 젠더 관계에 그처럼 반응했다는 것이다. 1968년 이후 여성운동의 부활은 기성세대에 대한 청년세대의 도전과 저항 과정에서 여성 구성원들이 소외되었다는 자각에 따른 것이었다.

한국 청년세대의 강점은 네트워크에 있다

한국에서 세대론의 배후에는 언제나 사회 변동을 이끄는 집단이 누구인가에 대한 문제의식이 존재한다. 실

　　　　　고유경

재하는 주체이건 지배 집단의 의도로 만들어지는 기획이건, 경험의 공동체이자 기억의 공동체로 세대를 중심에 놓을 때 역사는 새롭게 쓰일 수 있다. 한국의 역사 교과서에서 여전히 넓은 자리를 차지하고 있는 국가와 민족 중심의 서사는 청년세대를 비롯하여 지금까지 주변부에 위치해 왔던 여러 집단적 범주들을 통해 극복될 수 있다. 거대 서사에서 소외된 다양한 주체들을 수면 위로 드러내어 역사를 보는 관점을 다변화하는 일은 민주 사회의 구성원을 양성하는 시민 교육의 맥락에서도 중요하다.

오늘날 한국 사회에서 연금 개혁, 교육 개혁, 주거비 상승, 환경 파괴 같은 현안은 곧 세대 간 형평성의 문제로 치환된다. 정도의 차이는 있지만 이런 문제들은 어느 시대, 어떤 공간에서도 상존했다. 다만 과거와 현저하게 달라진 점은 지식과 정보의 측면에서 청년세대가 차지하는 위상이 과거와는 비교할 수 없을 정도로 상승했다는 것이다. 세대 문제의 오랜 역사에 비추어 볼 때 지금 한국의 청년세대가 가진 상대적 강점이자 자산은 수평적이고도 압도적 힘을 지닌 의사소통의 네트워크다. 이 네트워크가 세대 내부에서만이 아니라 세대 사이에서 갈등의 마찰력을 줄이고 다원적 가치를 지향하는 동력으로 작동하기를 바라는 것은 장밋빛 기대일까?

고유경

「벌새」와
성장의 딜레마

이미지 문화 연구자. 동의대학교 영화·트랜스미디어연구소 전임
연구원. 파리 1대학교(팡테옹소르본)에서 동시대 영화가 물질성
과 흐름을 표현하는 방식에 대한 연구로 박사학위를 받았다. 영
화, 무빙 이미지에 대한 동시대의 미학 이론을 연구하고, 영화사,
인류학적 이미지 및 동시대 이미지 작업에 대한 비평적 글쓰기를
시도한다. 영화, 영상미학에 대한 다수의 논문이 있고 알렉산드
르 소쿠로프, 하룬 파로키 등의 연구서 앤솔로지 작업에 참여했
다. 조르주 디디위베르만의 『어둠에서 벗어나기』, 『색채 속을 걷
는 사람』을 옮겼고 다수 저작을 번역 중이다.

이나라

[주요어] #벌새 #성장영화 #경계경험
[분류] 인문예술 > 영화비평

은희의 시선:
청년, 경계, 주변

며칠 동안 홀로 어두운 숲을 가로지르는 통과의례가
존재했던 고대 사회에서 아이는 청년이 되지 않고 성
인이 된다. 그러나 의학 기술과 위생의 발전으로 평균
수명이 증가하고 의무교육 기간이 늘어나면서 청년의
시기는 연장된다. 산업화된 사회에서 아이는 성인으로
서의 사회적 인정을 획득하기 위해 긴 청년의 시간을
보내야 한다.[1] 이들 청년, 특히 육체의 변화를 겪고

[1] 청년 개념은 격변의 시기였던 19세기의 사회적 발명으로 일컬어
진다. 장클로드 카롱(Jean-Claude Caron)은 19세기 프랑스 사회

있는 10대 청소년에 현대사회는 두 가지 모순된 시선을 던져 왔다. 현대사회에서 청년은 무한한 가능성을 지닌 존재, 미래의 존재로 상상되는 한편 자기 자신과 사회에 위협을 초래할 수 있는 존재로 상상된다. 그래서 청년은 보호해야 할 대상으로 규정되는 동시에 통제해야 할 대상으로 간주된다. 청년의 도약과 성장을 다루는 영화들은 청년에 대한 이러한 사회적 인식을 반영하며 청년의 모험, 범죄, 사교, 사춘기, 파티 등을 소재로 삼는 장르영화 역시 만들어졌다. 영화 「벌새」는 10대 중반, 아이와 어른 사이의 시기를 지나고 있는 중학생 은희를 주인공으로 내세웠다.[2] 「벌새」는 청

가 도회지의 남성 엘리트만을 사유의 대상으로 삼아 청년이라는 정체성을 정치적으로 고안해 냈다고 주장한다. Jean-Claude Caron, "La jeunesse dans la France des notables. Sur la construction politique d'une catégorie sociale(1815~1870)", in Ludivine Bantigny; Ivan Jablonka (dir.), *Jeuness Oblige*(PUF, 2009).

[2] 19세기 이래의 학문적 성과를 종합해 『청년(Adolescence)』(1907), 『청년. 교육, 섭생, 위생(Youth: Its Education, Regimen, and Hygiene)』(1909) 등 청년에 대한 일종의 과학을 개진한 심리학자 G. 스탠리 홀(G. Stanley Hall)은 14세에서 24세 연령의 인구를 청년으로 보았다. 「벌새」의 주인공 은희가 속한 한국의 10대 중고등학생 집단은 청년세대에 속하지만 청소년이나 사춘기, 학생 등으로 명명되며, 취업, 결혼, 정치세력화 등을 주로 다루는 20대 연령 중심의 청년 담

춘 영화, 스쿨 영화의 장르적 규범을 고스란히 따르고 있는 영화는 아니지만 영화 속 은희의 경험은 에이드리언 마틴(Adrian Martin)이 10대 영화의 영원한 주제라 칭한 "경계 경험(liminal experience)"에 속한다고 해야 할 것이다.[3] 강렬한 감정과 감각의 경험은 끊임없는 유예를 동반하며, 아직 남아 있는 유년기의 특징은 시작되고 있는 성년기의 특징과 포개진다. 청년은 이 시기 보잘것없는 개인에서 의미 있는 존재로 도약해야 한다. 「벌새」 속 은희는 가부장적 한국사회가 셈에 넣지 않았던 주변부 존재일 뿐 아니라 청년기라는 경계 지대를 지나고 있는 인물이다. 영화는 자신을 억압하는 가족을 원망하면서도 가족의 관심을 구하고, 남자친구와의 백일을 축하하면서도 자신이 좋다고 고백하는 여자아이와 미묘한 관계를 유지하는 은희라는 아이를 묘사한다.

론의 상상에서 흔히 배제되는 연령 집단이다.
[3] Adrian Martin, Phantasms: *The Dreams and Desires at the Heart of our Popular Culture*(McPhee Gribble Publishers, 1994), p. 68. 마틴은 "어제와 오늘, 유년과 성년, 무의미한 존재와 특별한 존재 사이의 강렬하고 유예된 순간"의 경계 경험을 언급한다.

영화는 나아가 젠더 폭력을 포함하여 일상화된 폭력에 눈감고 있는 1990년대 한국사회를 전경화하기 위해 경계의 존재인 은희의 '시선'을 빌린다. 상징적 성장에 다가서는 결말에 이르기 전 은희는 내내 수동적 인물에 가깝다. 은희는 행위에서 수동적이지만 끝까지 관찰하는 능동적 '견자(見者)'이기도 하다.[4] 다른 한편 「벌새」는 중산층 가족의 자식 세대 은희의 성장통으로 한국사회의 내상을 구체화한다. 은희가 사랑하는 대상을 연거푸 잃고, 귀 뒤의 혹을 떼어내며 고막이 파열되는 동안, 은희의 부모는 육박전을 벌이고 은희네 집 거실의 조명등이 깨어지며, 성수대교가 무너진다. 「벌새」에서 은희는 더 잘 보는 존재일 뿐 아니라 은희의 신체는 「양철북」(Die Blechtrommel, Volker Schlöndorff, 1979)의 오스카의 신체처럼 사회적 트라우마 자체를 형상화한다고 해야 할 것이다. 「양철북」의 오스카는 13세 아이의 신체에 갇혀 더는 자라지 못했다. 오

---

[4] '견자'의 영화로 모던 시네마를 규정하는 질 들뢰즈(G. Deleuze)의 생각을 빌려 말하자면 「벌새」는 더 잘 보는, 무력한 존재의 이미지로 구성되어 있다. Gilles Deleuze, *L'Image-temps. Cinéma 2*(Éditions de Minuit, 1985).

이나라

스카는 병리적 사회를 구체화하고 있기에 2차 세계 대전 전후 파산하는 독일 사회처럼 정신적으로 파산한다. 그러나 은희는 자라야 한다. 「벌새」는 성장이 불가능해진 사회를 묘사하는 동시에 은희의 성장을 예고하거나 묘사하고자 한다. 「벌새」의 딜레마는 바로 여기에서 발생한다.

은희와 가족: 억압, 소망, 좌절

「벌새」에서 오빠는 은희에게 폭력을 행사하고 엄마는 은희에게 번번이 답하지 않는다. 은희는 부당하게 처벌받고 무심하게 배제당한다. 「벌새」에서 성장은 가족의 억압을 넘어서는 일이다. 이 때문에 「벌새」는 미국의 시나리오 작가 존 트러비(John Truby)가 '성인 되기'를 다루는 10대 영화의 주요한 전환점을 마련한 영화로 꼽는 「아메리칸 그래피티」(American Graffiti, George Lucas, 1977)보다 10대 주인공이 보수적인 부모 세대와 불화를 빚는 「이유 없는 반항」(Rebel without a cause, Nicholas Ray, 1955)을 떠올리게 한다.[5] 「이유 없는 반항」이 청춘 영화의 외양 아래 1950년대 미국 사회의 도덕적 패닉 상태라는 주제를 호소했던 것처럼 「벌새」는 1990년대 한국 사회 중산층 가정의 위기를 폭로한다.

김보라 감독이 스스로 밝히는 것처럼 「벌새」는 "한 가족을 통해 현대사를 보여 주는" 대만 감독 에드워드 양의 「하나 그리고 둘」(Yi yi, Edward Yang, 2000)을 참조한다.[6] 이 영화는 에드워드 양의 영화 중 중산층 대가족에게 일어나는 생애의 사건들을 정교하게 조직하는 영화다. 초등학교 저학년의 막내 아이와 고등학생 큰딸과 그녀의 친구, 막 결혼한 무능한 삼촌, 첫사랑과 재회하는 아버지, 실존적 위기를 가로지르는 어머니, 혼수상태에 빠지는 노모까지 다양한 세대의 초상이 영화 속에서 그려진다. 그중에서도 또래 친구

[5] 「이유 없는 반항」은 보통 2차 세계 대전 이후 청년세대가 대중문화의 소비자이자 주요한 재현의 대상으로 등장하고 있음을 알리는 영화로 간주된다. 그러나 관습을 깨고 개인이 되는 법을 배우는 일을 10대 영화 속 성인 되기의 첫 단계로 꼽는 트러비는 조지 루카스의 「아메리칸 그래피티」에서 관습에 순응하는 같은 도시의 다른 10대와 대결하는 10대가 처음 등장하는 것에 특히 주목했다. http://johntrubysscreen-writing.blogspot.com/2008/09/teen-movie.html
[6] 김혜리, 「벌새로 비상한 김보라 감독을 다시 만나다」, 《씨네21》, 1225호.

의 성적 모험을 물끄러미 관찰하며 미세한 감정의 성장을 경험하는 고등학생 큰딸은 전적으로 구조화되지 않은 영화에서 여러 이야기의 매듭을 만들어 내는 역할을 한다. 영화는 할머니의 병환과 함께 시작되어 할머니의 죽음과 함께 끝나는데 큰딸은 의식을 잃은 할머니의 발병에 대해 내내 죄책감을 느끼다, 마지막에 죽음을 마주하는 경험을 하게 된다. 죽음을 마주하는 것이야말로 성장이라고 영화는 이야기한다. 전반부 외삼촌의 죽음, 마지막 성수대교 붕괴와 영지의 죽음을 배치한 「벌새」에서도 죽음을 경험하고 응시하는 일은 성장의 필수적 요소다. 그런데 여러 세대 가족 구성원이 경로를 이탈하며 허둥거리는 장면을 제각각 쫓아가며 위기와 성장을 하나하나 다루고 있는 「하나 그리고 둘」과 달리 「벌새」는 가족, 친구, 선생님을 응시하는 은희의 시선만을 뒤쫓는 은희의 영화라 해야 할 것이다. 요컨대 「벌새」는 가족영화와 청년영화 사이에서 진동하며 영화 속에서 은희의 자리는 주변부인 동시에 중심부에 마련된다.

은희의 가족은 한국사회의 성과주의와 물신주의, 차별의 시스템을 체현하기에 은희의 기대를 충족시키

성장이 불가능하다는
토로가 영화로,
학자들의 진단으로,
청년들의 한탄으로 쏟아지는
시대이지만

이나라

응시하고, 겪고,
자라는 청년의 이야기인
「벌새」는 여전히
성장의 가치를 믿고
성장을 독려하는 영화라
할 것이다.

지 못한다. 아파트 단지 안에 서 있던 엄마는 병원에서 돌아오던 은희가 부르는 소리를 듣지 못한다. 최종 편집본에는 담기지 않았지만 시나리오에선 엄마가 은희가 부르는 소리를 듣지 못하는 장면이 하나 더 들어 있다. 오빠의 손찌검으로 고막이 찢어진 은희는 병원에 다녀온 후 엄마의 가게를 찾아간다. 은희는 별일 아니라고 설명을 하는데 엄마는 너무 쉽게 그 설명을 믿는 눈치다. 은희는 곧 엄마에게 "나 사랑해?" 하고 묻는다. 은희의 엄마는 손님에 정신이 팔려——영화는 은희부모 가게에 대한 스케치 속에 IMF 이전 호황기 남한 사회의 풍경을 담았다——은희의 질문을 듣지 못한다.

그러나 은희의 불안은 이미 그 자체로 충분히 실존적이기도 하다. 이를 잘 보여 주는 것이 「벌새」의 오프닝이다. 중학생 은희는 초인종을 누르고 있다. 진심을 모두 동원해 엄마를 부르고 초인종을 눌러도 문은 열리지 않는다. 진심을 다한 요청이 응답받지 못했기 때문에 집 또는 엄마의 사랑을 욕망했던 아이는 닫힌 문 앞에서 신경질을 부린다. 엄마는 집에 돌아온 아이가 겪은 짧지만 본질적인 사건을 눈치채지 못한다. 영화 「벌새」의 시나리오는 이 시퀀스의 마지막 장면을 다음과 같이 묘사한다.

> 엄마의 일상적인 이야기가 계속될 동안, 카메라는 은희의 얼굴을 응시한다. 마치, 아무 일도 없었다는 듯이 행동하는 은희. 그러나 아이의 얼굴에 여전히 남은 불안함. 흔들리는 눈동자. 어떤 슬픔.[7]

은희와 영지: 허무, 의미, 성장

속을 알 수 없고, 쉽게, 자주 변하는 사람과 신체, 계절을 감각하며 은희는 불안하고 허무하다. 청춘의 허무는 청춘영화의 또 다른 영원한 주제다. 2000년 이후 일련의 청춘영화들은 청년의 욕망과 허무를 영화적 주제로 삼는 것에 그치지 않고 이를 하나의 영화적 형식으로 표현하기도 했다. 고등학교 총기 사건을 다룬 「엘리펀트」(Elephant, Gus Van Sant, 2004), 억압적 가정에서 목숨을 끊는 네 명의 10대 자매 이야기 「처녀자살

[7]   김보라 쓰고 엮음, 『벌새: 1994년, 닫히지 않은 기억의 기록』(아르떼, 2019), 18쪽.

소동」(Virgin Suicides, Sophia Coppola, 2000), 플로리다로 바캉스를 떠나기 위해 충동적으로 강도극을 벌이고 나중엔 마약 판매자와 얽히는 여대생 4명을 주인공으로 삼은 「스프링 브레이커스」(Spring Breakers, Harmony Korine, 2012) 같은 영화를 예로 들 수 있다. 「엘리펀트」는 억압적인 부모, 학교, 동료 등을 묘사하고 사건을 재현하는 대신 빠져나갈 수 없는 미로 같은 학교 복도를 헤매듯 걸어가다 총을 맞는 학생들을 보여 줄 뿐이었다. 「처녀자살소동」에서 딸들은 청교도적 신념으로 딸들의 행동을 구속하는 어머니에게 적극적으로 반항하거나 가출을 시도하는 대신 집 안에서 목숨을 끊는 것을 택한다. 영화는 집안에 갇힌 딸들이 보내는 오후의 시간을 거의 나른한 티타임처럼 묘사한다. 마찬가지로 영화 「스프링 브레이커스」는 주인공들을 도저히 손에 쥘 수 없는 파동처럼 그려 낸다. 이들 영화에서 젊은이들은 기성세대에 더는 저항하지 않는다. 저항은 마치 의미 있는 일도 재미있는 일도 아닌 것 같아 보인다. 무중력 상태 속에서 착지하지 못하는 신체, 무의지적 나른함, 파동의 상태로 묘사되는 청년은 불완전함과 미성숙, 변화와 변신의 가능성 사이에서 동요

이나라

하는 존재로 그려진다. 시종일관 주변 세계를 물끄러미 들여다보는 은희가 친구 지숙과 함께 텀블링을 하는 장면이나 거실에서 춤을 추는 장면은 이들 영화의 장면들과 공명한다. 그러나 은희는 텀블링에서 내려오고, 춤을 멈춘다. 고막 파열 후 병원에 다녀온 은희는 막춤을 추지만 초인종 소리에 막춤을 멈추어야 한다. 영지의 우편물이 도착했기 때문이다. 영지로 인해 은희의 고통과 방황은 의미를 가지게 된다. 은희는 영지 선생님의 관심과 조언을 얻어 가족의 울타리 안에 머물면서 가족을 극복하는 자기 서사를 상상하게 된다.

영지는 어떤 인물인가? 영지는 운동권 출신의 대학 휴학생이라는 이력을 가지고 있다. 영지는 은희의 눈에 부모와 다른 어른으로 비친다. 영지는 얼굴이 아닌 "마음을 아는 사람"에 대해 이야기하며, "함부로 판단할 수 없는" 진실을 믿는 인물이다. 영지는 은희에게 "누구라도 널 때리면, 어떻게든 같이 맞서서 싸워"야 성장의 출발점에 설 수 있다고 알려준다. 하지만 영지는 성수대교 붕괴사고로 목숨을 잃는다. 영지의 죽음 덕분에 은희는 반복적인 가정폭력의 경험과 사회적 재난의 경험을 동일한 구조의 사건으로 인지하게 될 것이다. 영지의 죽음을 겪으며 은희는 자신의 사회적 존재를 자각하게 될 것이다. 은희의 가족은 은희의 고막 파열과 함께 폭력의 폭발을 다시 경험했다. 그러나 영지의 죽음을 야기한 성수대교의 붕괴 사고를 목격하며 은희의 가족은 가족 간의 사랑을 재확인하고 재봉합된다. 수술, 성수대교 붕괴 사건, 영지의 죽음 등은 모두 커다란 상실의 경험이지만 은희는 상실의 경험에서 매번 선물을 얻는다. 수술은 부모의 관심을 이끌어 내고 성수대교 붕괴사건은 가족애를 확인하게 한다. 영지의 죽음으로 인해 상실감을 겪는 일은 외삼촌을 잃은 엄마의 상실감을 이해하는 계기가 된다. 결국 「벌새」에서 삶은 계속 상실하는 과정이지만 어떤 상실도 절대적이지 않다. 은희는 성장할 것이다.

　그런데 영지는 세상과의 싸움에서 패한 인물, 허무와 싸우고 있는 인물이기도 했다. 영지는 어른이지만 결혼, 정규직 취직 등 사회가 어른으로 인정하는 자격을 갖추고 있는 어른이 아니었다. 「벌새」에서 영지는 성인-어른의 기호가 아니라, 청년-어른의 기호였다. 어른이 되는 일의 의미 또는 가능성을 발견하지 못하는 청년 영지는 죽는다. 성장이 불가능하다는 것을 언뜻 알았던 청년, 무의미의 불안을 감지했던 청년은 죽는다. 이때에야 은희는 성장을 격려하는 편지를 받아볼 수 있게 될 것이다. "신기하고 아름다운" 삶에 대해 말하는 영지, "나쁜 일이 닥치면서도, 기쁜 일들이 함께한다는 것. 우리는 늘 누군가를 만나 무언가를 나눈다는 것"이라 말하는 어른 영지의 편지를. 성장이 불가능하다는 토로가 영화로, 학자들의 진단으로, 청년들의 한탄으로 쏟아지는 시대이지만 응시하고, 겪고, 자라는 청년의 이야기인 「벌새」는 여전히 성장의 가치를 믿고 성장을 독려하는 영화라 할 것이다.

미래세대의
눈물과 함께

스스로의 기후불안을 치유하기 위해 기후행동을 시작했다. 기후
위기와 생태계 파괴를 마주할 때 일어나는 무기력과 절망감을 행
동하는 에너지로 전환해 내는 작업에 관심이 많다. 실상사 작은
학교 영어 교사로 일했고, 2016년 덴마크 세계 시민 학교를 수
료했다. 현재는 기후위기, 세계 시민 교육, 퍼머컬처 등을 주제로
다양한 곳에서 미래세대와 소통하고 있는 프리랜서 활동가이다.
2019년부터 그레타 툰베리 페이스북 한국 팬페이지를 운영하고
있다.

정혜선

[주요어] #기후위기 #그레타툰베리 #미래세대

[분류] 사회학 > 환경문제

지리산, 실상사 작은학교,
2019년 7월 10일

숲 속에 있는 학교는 밤이면 완전히 깜깜해진다. 오늘 같이 맑은 날이면 밤하늘의 은하수에서 별이 운동장으로 쏟아져 내릴 듯하다. 나는 교무실의 앉은뱅이 책상에 앉아 1학기에 나의 수업을 들었던 고등부 학생들이 써낸 돌아보기 글을 읽고 있다.

"아직도 믿어지지 않아요."

"무서웠어요, 아무도 모르고 있는 것 같아서요."

"이 수업이 있는 날이면 학교 마치고 집에 가서 울었어요."

학생들의 글을 읽으며 나도 운다. 내가 가르쳤던 과목의 이름은 '세계 시민과 미래 시민.' 동시대를 살아가는 지구인들에게 닥친 과제가 무엇인지 알아보고 이에 대한 세계 시민 사회의 대응을 살펴보는 시간이었다. 나는 그중에서도 기후위기를 중점적으로 다루었다. 대기 중 온실가스 농도 증가로 인한 기후변화는 세계 곳곳에서 인간의 삶에 직접적인 재난을 불러오고 있다. 영국의 일간지 《가디언》은 심각해지는 상황을 반영해 2019년 초부터 '기후변화'가 아닌 '기후위기'라는 용어를 사용하기 시작했고, 일기 예보에 이산화탄소 농도를 함께 표시하고 있었다. 기후위기를 가르치는 것, 피해 가고 싶은 일이었다. 아직 한국에서 대부분의 사람들이 모르고 있는데 미리 걱정을 하게 만든 건 아닐까. 하지만 알고 있으면서도 알리지 않는 것이 어른으로서 더 무책임한 일이라고 생각했다. 외신에서는 기후위기에 대한 긴급한 대응을 촉구하며 수업을 거부하고 거리로 쏟아져 나오는 청소년들의 이야기가 연일 보도되고 있었다.

기후위기는 투발루나 몰디브 같은 섬나라만의 이야기가 아니라 인류의 생존 자체가 달린 문제다. 기후위기에 대한 인식 없이는 세계도 미래도 없다. 2015년 12월, 세계는 프랑스 파리에서 열린 제21차 유엔 기후 변화 당사국 총회에서 지구 평균 온도 상승폭이 2도를 넘어가면 온난화로 인한 심각한 위험이 초래될 것이라는 과학자들의 말을 인정했다. 총회에 참석한 전 세계 196개국은 파리 협정을 채택하고 지구 평균 온도 상승폭을 2도 아래로 묶어 두기 위한 온실가스 감축 계획을 세우기로 한다. 2050년까지 이산화탄소 배출량 순 제로를 달성하자는 목표에 합의한 것이다. 이 목표에 도달하려면 한국은 앞으로 10년간 이산화탄소 배출량을 해마다 약 18퍼센트씩 감축해야 한다.그런데 2018년 10월에 발표된 IPCC(기후변화에 관한 정부 간 패널) 보고서에서는 2도가 아니라 1.5도 아래로 지구 온도 상승폭을 묶어 두어야 기후위기로 인한 돌이킬 수 없는 파국을 막을 수 있다고 주장했다. 이 1.5도 특별 보고서는 당시 약 1도가 상승한 상황에서 지금 추세대로 온실가스를 배출하면 앞으로 12년 안에 1.5도를 넘어 갈 확률이 67퍼센트라고 밝혔다.

내가 파리 협정과 IPCC의 발표 내용을 나 자신의 일로 깊이 받아들일 수 있었던 것은 파리 협정이 채

택된 직후인 2016년 1월부터 1년간을 덴마크 세계시
민학교에서 유럽의 청년들과 보냈기 때문이다. 유럽의
10대들은 자신들이 기후변화에 대해서 제대로 교육받
은 첫 번째 세대이자, 기후위기로 인한 생태적 재난을
막을 수 있는 마지막 세대라고 했다. 한국으로 돌아와
한동안 기후불안(climate anxiety)에 시달리던 나는 큰
용기를 내어 사람들에게 기후위기를 알리는 일을 시작
했다. 그레타 툰베리의 연설문을 번역하기 시작한 것
도 내가 가르치는 학생들에게 유럽에 살고 있는 또래
의 메시지를 전하기 위해서였다.

그레타 툰베리의 프랑스 국민의회 연설, 2019년 7월 23일

어쩌면 여러분들은 사실을 있는 그대로 인정할 수
있을 만큼 성숙하지 않은 건지도 모릅니다. 여러분
들은 심지어 우리 아이들에게 그 짐을 지우고 있습
니다. (……)
바로 여러분이, 대부분의 언론이, 지금 이 순간까지

계속 사실을 무시하고 있기 때문에 사람들은 지금 무슨 일이 일어나고 있는지 모릅니다. 과학을 존중한다면, 과학을 이해한다면, 사실을 말해 주어야 합니다. IPCC에 따르면 2018년 1월 1일 자로, 지구 온도 상승을 1.5도 아래로 제한할 수 있는 67퍼센트의 기회를 주는 탄소 예산은 420기가 톤이었습니다.

파리 협정에서 우리는 지구온도 상승을 2도 아래로 억제하되, 1.5도 아래로 머무르기 위해 최대한 노력한다고 약속했습니다. 파리 협정에 따르면 우리에게는 더 많은 탄소 예산이 남아 있게 됩니다. 그러나 최근의 IPCC 보고서에 따르면 1.5도를 넘지 않는 것이 기후위기의 충격과 여파를 훨씬 더 줄일 수 있을 것이라고 했습니다. 그건 우리가 셀 수 없이 더 많은 사람의 목숨을 구할 수 있다는 것과 같은 말입니다.

이게 전부입니다. 이게 우리 아이들이 하고 있는 말의 전부입니다. (……)

어떤 분들은 우리의 이야기를 안 듣기로 하셨습니다. 좋습니다. 우리는 결국 아이들일 뿐이니까요. 우리의 말을 듣지 않으셔도 됩니다. 그렇지만 과학자들의 말은 들으셔야 합니다. 그것이 우리가 요구하는 전부입니다. 과학의 말을 들으세요.

과학적 사실을 근거로 함께 행동합시다.(Just unite behind the science.)

영국 런던, 세인트제임스 공원, 2019년 10월 10일

지속 가능한 농업과 공동체 운동에 관심이 많은 한국 활동가들과 함께 영국으로 연수를 왔다. 기후위기 시대에 삶의 전환을 모색하고 변화를 실천하고 있는 영국의 지역 공동체를 탐방하기 위해서였다. 우리는 영국 남부의 작은 마을 토트네스에 주로 머물렀는데, 마을 사람들이 곧 런던에서 큰 시위가 있을 거라는 사실을 알려 주었다. 기후위기에 대한 정부의 긴급한 대응을 촉구하는 대규모 장기 시위라고 했다. 그동안 언론과 책을 통해서만 접했던 영국 시민들의 급진적 기후 행동을 직접 경험할 기회가 생긴 것이다. 심장이 쿵쿵 뛰었다. 우리 일행은 연수 일정이 끝나자마자 바로 런던행 기차에 몸을 실었다.

정혜선

오늘로 4일째라고 했다. 웨스터민스터에서 가까운 세인트제임스 공원에는 끝이 보이지 않는 알록달록한 텐트의 무리가 진을 치고 있었다. 드물게 화창한 영국의 가을 하늘 아래 누군가 텐트에서 나와 익숙한 멜로디의 노래를 부르기 시작했다.

"우리가 하고 싶은 말은 평화에게도 기회를 주라는 거예요.(All we are saying is give peace a chance.)"

곧 다른 사람들도 하나둘 따라 일어나 노래를 부른다. 여러 명의 목소리가 물길처럼 합해져서 살랑거리는 포플러 나무 잎사귀를 타고 흘러 나간다. 사람들은 노래 가사를 바꿔 부르기 시작한다.

"우리가 하고 싶은 말은 나무에게도 기회를 주라는 거예요."

급격한 지구 온난화로 하루에 약 200종의 생명이 멸종하는 중이었다. 평소 멸종 속도의 1000배에 해당한다고 했다. 텐트를 치고 공원을 점거하고 노래를 부르고 춤을 추며, 때로는 명상과 뜨개질을 하고 있는 사람들은 기후위기와 6차 대멸종 앞에 결연히 일어선 영국 비폭력 시민 불복종 운동 '멸종저항(extinction rebellion)'[1] 참여자들이었다. 전국 각지에서 생업을 접고 런던으로 왔다는 이들은 며칠 전부터 트라팔가 광장을 비롯한 런던의 주요 12개 공공 구역을 점거하고 그곳에서 먹고 자다시피하며 시위를 벌이고 있었다. 형광색 조끼를 입은 경찰이 이들이 점거한 지역마다 상주하고 있었다. 경찰들은 시위대의 텐트로 다가와 곧 텐트를 철거할 거라고 친절하게 말한다. 그러면 시위대는 사람들을 불러 모아 둥글게 손을 잡고 텐트촌을 에워싼 후 구호를 외친다.

"누구의 텐트인가? 우리의 텐트다! 누구의 공원인가? 우리의 공원이다!"

경찰이 시위대 사이를 조심스레 뚫고 들어와 텐트를 하나씩 걷기 시작한다. 그러면 텐트 주인은 경찰이 걷어 낸 텐트를 짊어지고 다른 곳으로 이동한다. 만약 안 나가고 그 자리에서 버티면 구속이다. 구속을 자처

---

[1] 공식 홈페이지(rebellion.earth)에 따르면, 멸종저항은 비폭력 직접 행동을 통해 기후와 생태적 긴급 사태에 대한 정부의 정의로운 행동을 요구하는 특정 정치적 당파를 넘어선 국제적 네트워크이다. 2018년 10월 영국에서 출범한 멸종저항은 영국 정부에 세 가지 사항을 요구하고 있다. 첫째, 기후위기로 인한 긴급상황을 선포함으로써 진실을 알릴 것. 둘째, 2025년까지 탄소 배출량 순 제로를 달성할 것, 셋째, 정부는 기후 문제를 다룰 시민의회(Citizens' Assembly)를 구성하고 이들의 결정에 따를 것.

정혜선

한 사람이 경찰에 들려 나가면 둥글게 서서 손을 잡고 있던 사람들은 함께 외친다.

"사랑해요! 사랑해요! 사랑해요!"

시위가 시작된 지 일주일도 되지 않았는데 벌써 1000명에 가까운 구속자가 나왔다고 했다. 지난 4월에 있었던 9일 동안의 시위에서도 비슷한 수의 사람들이 자발적으로 감옥행을 택했다. 이에 영국 정부는 멸종저항의 요구에 따라 기후비상사태 선언을 하기에 이른다. 하지만 여론을 무마하려는 말뿐인 선언이었다. 아무런 행동도 취하지 않고 있는 정부 앞에서 멸종저항은 다시 깃발을 들었다. 10월 7일부터 새로운 대규모 시위를 시작한 것이다. 예정된 기간은 2주. 경찰의 대응은 한국 사람인 내가 보기에는 참으로 친절하기 그지없는데, 이곳 사람들 말로는 지난번보다는 강하게 진압하고 있다고 한다.

런던, 트라팔가 광장, 2019년 10월 11일

비가 부슬부슬 내리는 밤, 으슬으슬한 공기를 뚫고 과

학자들의 천막으로 걸어 들어갔다. 템스 강을 내려다보며 하늘에 닿을 듯 높이 솟아 있는 넬슨 제독의 동상 아래에는 시민들이 쳐 놓은 수많은 텐트가 있었다. 그중에 하나, 입구가 훤히 트인 천막에서 희미한 불빛이 흘러나오는 가운데 사람들이 웅성거리고 있었다. 동행한 친구를 따라 살금살금 다가가니, '과학의 말을 들으세요'라는 말풍선을 옆에 단 그레타 툰베리의 사진이 보였다. 천막 안에는 흰 가운을 입은 사람들 몇 명이 시민들과 대화를 나누고 있었다. 처음에 나는 이게 무슨 연극이나 퍼포먼스인 줄 알았다.

텐트 앞을 서성거리고 있으니 이제 막 가운을 벗고 집으로 갈 준비를 하는 백발의 할아버지가 말을 걸었다. 짧은 대화를 통하여 가운을 입은 사람들이 진짜로 과학자라는 걸 알게 되었다. 나는 그를 붙잡고 다짜고짜 호소하기 시작했다.

"제 이야기 좀 들어주세요."

그가 안경 너머로 나를 바라보며 고개를 끄덕였다.

"저는 한국에서 왔어요. 저는 『멸종저항 핸드북』[2]

[2] Extinction Rebellion, 『This Is Not a Drill: An Extinction Rebellion Handbook』(Penguin books, 2019).

을 읽은 우리나라에서 몇 안 되는 사람이에요. 아직까지 한국에서는 유엔이 발표한 1.5도 목표조차 겨우 말할 수 있어요."

그가 내 말을 잘랐다.

"너무 늦었다, 얘야. 30년 전이라면 몰라도 지금 1.5도를 이야기하기엔 늦었어."

나는 숨을 쉬지 않고 말했다.

"대다수의 사람들은 파리 협정이 무엇인지도 몰라요. 대통령은 9월 유엔 기후행동 정상 회의에서 거짓말을 했어요. 한국이 파리 협정을 잘 지키고 있고, 석탄 발전소를 닫을 거라구요. 저는 한국 사람들에게 기후위기를 알리는 일을 하고 있어요. 청소년들을 만날 때면 한없이 미안해서 고개를 못 들겠고, 삶에 찌든 무기력한 어른들을 보아도 마음이 아파요. 그런데 저는 언제나 멀리서 바라보며 동경했던 영국의 멸종저항이 '파리 협정은 우리를 구해 주지 못하며 1.5도를 지키기에는 이미 늦었다'고 한다는 걸 알아 버렸어요. 저는 어떻게 해요? 네? 한국에 돌아가서 어디까지 말해야 하죠?"

백발의 과학자는 어둠속에서 내 눈을 들여다보며

"네가 기후위기에 대해서
이야기하면 사람들이
어떻게 반응하니?"

"충격을 받는 사람들도
있어요. 하지만 대부분의
사람들은 실감하지 못해요.
그런데 청소년들은 달라요.
바로 행동에 나서요."

정혜선

"바로 그거다. 청소년들을
많이 만나야 해. 이 친구들이
훨씬 빨리 움직일 거야.
나를 움직인 것도
청소년이었어.
그레타 말이야."

말했다.

"그건 오직 너만이 알 수 있단다. 네 마음만이 말이야. 네가 말할 준비가 되어 있는지, 사람들이 들을 준비가 되어 있는지, 너희 나라 사람들만이 알 수 있지. 영국 사람인 우리는 알 수 없어."

"그럼 영국 사람들은 어떻게 반응하고 있나요? 너무 늦은 건지도 모른다는 말을 과학자들이 할 때, 어떻게 받아들이고 있나요?"

"너는 처음 그 이야기를 들었을 때 어땠니?"

"충격을 받아서 며칠을 울었어요."

"우리도 마찬가지야. 많은 사람들이 우리를 이런 상황까지 몰고 온 시스템에 분노하고 있어. 하지만 할 수 있는 일이 없는 것은 아니야. 이전의 안정적인 기후를 회복하는 것은 어려울지라도 더 큰 비극을 막기 위해 당장 행동해야 해. 그래서 우리는 2025년까지 온실가스 배출 제로를 주장하는 거야."

이때 우리의 대화를 듣고 있던 친구가 말했다.

"티핑 포인트[3]는 여러 개가 있어. 하나의 티핑

[3] Tipping point. 어떤 일이 처음에는 감지할 수 없을 정도로 아주 미미하게 진행되다가 어느 순간에 균형이 깨지면서 거대한 변화로 바뀌

정혜선

포인트를 막지 못했다고 해서 다른 티핑 포인트도 막을 수 없는 건 아니야. 우리가 최대한 빨리 할 수 있는 모든 것을 하면, 완전한 붕괴는 막을 수 있어."

과학자가 덧붙였다.

"그래. 최대한 빨리 할 수 있는 일을 해야 해."

그는 휴대폰을 꺼내 시간을 확인하더니 나를 보고 말했다.

"가족들이 집에 언제 오느냐고 물어본 지 두 시간이 지났어. 나는 이제 가야 하는데 말이야. 오늘 하루 종일 이 텐트에 있으면서 수많은 사람을 만났거든. 그런데 그중에 네가 제일 중요한 사람이구나."

이 말에 나는 그만 울음이 터졌다. 여러 감정이 북받쳐 올랐다. 너무 무겁고 심각해 외면하고 싶었던 기후위기의 실태를 알리기 위해 한국에서 해 온 노력을 먼 이국의 과학자에게 인정받은 기분이었다. 동시에 나를 '중요한 사람'이라고 한 그의 다음 말을 직감할 수 있었다.

"미안하구나. 울리려고 한 말은 아니었는데. 어쩌

는 순간을 뜻한다. 대서양 해류 순환 붕괴, 아마존 열대우림 파괴, 그린란드와 남극의 빙상 붕괴 등을 기후변화의 주요한 티핑 포인트로 본다.

면 너는 한국에 돌아가서 수많은 사람들에게 지금 상황이 훨씬 더 심각하다는 사실을 알리는 일을 하게 될지도 몰라."

"싫어요. 저는 그러고 싶지 않아요."

나는 그 무거운 짐을 내 두 어깨에 짊어지고 싶지 않았다. 강연을 다닐 때마다 놀라거나 충격을 받는 사람들의 얼굴을 더 이상 보고 싶지 않았다. 잊어버릴 수 있다면 그러고 싶었다. 기후위기를 몰랐던 때처럼 평범하게 살아가고 싶었다.

트라팔가 광장,
2019년 10월 11일에서
12일로 넘어가는 밤

과학자들의 텐트에서 내가 울고 있던 바로 그 순간, 커다란 가발이라도 쓴 듯 뽀글뽀글한 금발머리를 한 중년 여성이 아이스크림을 양손에 들고 불쑥 텐트로 뛰어 들어와 경쾌하게 말했다.

"이거 비건 아이스크림인데 같이 먹을래요?"

아이스크림을 받아들자 이번에는 웃음이 터졌다.

정혜선

나는 눈물을 닦고 비건 아이스크림을 먹기 시작했다. 백발의 과학자가 물었다.

"내 이름은 도미닉이야. 네 이름은 뭐니?"

"저는 선(Sun)이에요. 하늘에 떠 있는 노랗고 반짝이는 거요."

"문(Moon)이라는 한국 이름은 들어보았는데, 선은 처음이니 기억할 수 있겠구나."

"저는 오늘 밤을 절대로 잊지 못할 거예요."

그가 내게 물었다.

"네가 기후위기에 대해서 이야기하면 사람들이 어떻게 반응하니?"

"충격을 받는 사람들도 있어요. 하지만 대부분의 어른들은 실감하지 못해요. 받아들이기 어려워해요. 그런데 청소년들은 달라요. 바로 행동에 나서요."

"바로 그거다. 청소년들을 많이 만나야 해. 이 친구들이 훨씬 빨리 움직일 거야. 나를 움직인 것도 청소년이었어. 그레타 말이야."

우리는 아이스크림 하나를 다 먹었다. 경쾌한 여인은 다시 우리에게 춤추듯 다가와 아이스크림을 싸고 있던 포장을 쓰레기 봉투에 수거해 갔다. 나와 친구는 도미닉과 악수를 나누고 헤어졌다. 백발의 노신사가 다리를 절뚝이며 어둠 속으로 사라지는 모습을 오래도록 바라보았다.

지리산, 실상사 작은학교, 2019년 10월 21일

다시 나의 학생들에게로 돌아왔다. 한국의 가을 하늘은 맑고 높고 푸르다. 영국에서 돌아온 이후로, 선물처럼 주어졌던 이 자연스러운 계절의 순환을 언제까지 볼 수 있을 것인가 싶은 마음이 들면 아득해지곤 했다. 그러나 지금 이 순간 내게는 깊어 가는 가을 숲의 냄새를 맡을 수 있는 감각이 살아 있다. 뱀사골 단풍도 이제 곧 뜨거운 심장을 가진 연인의 가슴처럼 활활 타오를 것이다.

　오랜만에 만난 나와 학생들은 그동안 지구에서 일어난 중요한 일들을 점검해 본다. 우리는 지난 9월 유엔 기후행동 정상 회담에서 문재인 대통령의 연설과, 변화하지 않는 정치인들을 향한 그레타 툰베리의 분노에 찬 연설을 함께 보았다. 이번에도 역시 이 무거운 내용을 피해 갈까도 생각했으나, 나는 학생들이 '사실을 있는 그대로 인정하지도 못할 만큼 성숙하지 않은' 어른으로 자라나는 걸 원하지 않았다. 성숙하지 못한 사람들은 우리 어른들로 충분했다. 아픈 현실일지라도 정서적 공감을 나눌 수 있는 안전한 공간이라면, 정치권의 무책임함과 동시대 청소년의 분노를 마주하고도 무너지지 않을 힘을 키워 나갈 수 있지 않을까.

우리는 파리 협정의 내용을 다시 확인하고, 대통령의 연설이 왜 공허한지 알아보고, 대통령과 그레타 두 사람의 연설을 보았을 때 어떤 마음이 드는지에 대해 이야기 나누었다. 다행히 학생들은 분노도 슬픔도 좌절도 부끄러움도 미안함도 무기력도 숨기지 않고 털어놓아 주었다. 그 마음을 억압하지 않을 때, 그것이 생명에 대한 깊은 사랑에서 나오는 것이라는 것을 알고 존중할 때 나는 우리 모두가 위기에 빠진 지구에서도 회복 탄력성(resilience)을 갖춘 사람으로 건강하게 살아나갈 수 있을 것이라고 믿는다.

세대에 관한
참고 문헌(발표순)

고유경, 「세대의 역사, 그 가능성과 과제」, 《서양사론》 제93호(2007).

카를 만하임, 이남석 옮김, 『세대 문제』(책세상, 2013).

김홍중, 「서바이벌, 생존주의, 그리고 청년세대」, 《한국사회학》 제49집 제1호(2015).

서동진, 「세대론의 시좌」, 《문학선》 제37호(2015).

이우창, 「헬조선 담론의 기원: 발전론적 서사와 역사의 주체 연구, 1987~2016」, 《사회와철학》 제32호(2016).

조영태, 『정해진 미래』(북스톤, 2016).

예룬 더클롯·앤소니 펑, 김정아 옮김, 『차이나 유스 컬처』(시그마북스, 2017).

채민진, 「'놈들'의 세대론」, 《대학원신문》 제346호(2018).

전상진, 『세대 게임』(문학과지성사, 2018).

정성조, 「'청년세대' 담론의 비판적 재구성」, 《경제와사회》 제123호(2019).

김선기, 『청년팔이 사회: 세대론이 지배하는 일상 뒤집기』(오월의봄, 2019).

김정훈 외, 『386 세대유감』(웅진지식하우스, 2019).

이철승, 『불평등의 세대』(문학과지성사, 2019).

이민경, 『탈코르셋: 도래한 상상』(한겨레출판, 2019).

G. Stanley Hall, *Adolescence: Its Psychology and Its Relations to Physiology, Anthropology, Sociology, Sex, Crime, Religion and Education*(Appleton, 1907).

_____, *Youth: Its Education, Regimen, and Hygiene* (Appleton, 1909).

Robert Wohl, *The Generation of 1914*(Harvard University Press, 1979).

Winfried Mogge/Jürgen Reulecke ed., *Hoher Meißner 1913. Der Erste Freideutsche Jugendtag in Dokumenten, Deutungen und Bildern*(Wissenschaft und Politik, 1988).

Adrian Martin, *Phantasms: The Dreams and Desires at the Heart of our Popular Culture*(McPhee Gribble Publishers, 1994).

Pierre Nora, "Generation," Pierre Nora ed., *Realms of Memory, vol. 1: Conflicts and Divisions*(Columbia University Press, 1996).

Johann Wolfgang von Goethe, *Werke. vol. 9: Autobiographische Schriften I*(C. H. Beck, 1998).

Jean-Claude Caron, "La jeunesse dans la France des notables. Sur la construction politique d'une catégorie sociale(1815~1870)", in Ludivine Bantigny; Ivan Jablonka (dir.), *Jeuness Oblige*(PUF, 2009).

Jonathan White, "Thinking Generations", *The British Journal of Sociology* vol. 64 (2013).

Semi Purhonen, "Zeitgeist, Identity and Politics: The

modern meaning of the concept of generation", *The Routledge International Handbook on Narrative and Life History*(Routledge, 2016).

Rauvola, R. S., Rudolph, C. W. and H. Zacher, "Generationalism: Problems and Implications", *Organizational Dynamics*(2018).

인문잡지 한편
1
세대

글
박동수, 김선기, 이민경, 이우창,
김영미, 하남석, 조영태, 고유경,
이나라, 정혜선

편집
신새벽, 허주미, 이한솔

디자인
유진아

발행일
2020년 1월 10일

발행인
박근섭, 박상준

펴낸곳
(주)민음사

출판등록
1966. 5. 19. 제16-490호

주소
서울시 강남구 도산대로1길 62(신사동)
강남출판문화센터 5층(06027)

대표전화
02-515-2000

홈페이지
www.minumsa.com

값 10,000원

ISBN
978-89-374-9092-7 04100